la petite vermillon

Vagabondages littéraires dans Paris

Du même auteur

AUX ÉDITIONS DENOËL

Le roman du Printemps, l'histoire d'un grand magasin
Lever de rideau, histoire des théâtres privés de Paris
Montparnasse, l'Âge d'or

Collection des Grands Express Internationaux,
en collaboration avec Jean des Cars

L'Orient-Express, cent ans d'aventures ferroviaires. Couronné par l'Académie française
Le Transsibérien, l'extrême Orient-Express
Le Train bleu et les Grands Express de la Riviera
Les trains des Rois et des Présidents
L'aventure de la Malle des Indes
La tour Eiffel, un siècle d'audace et de génie

AUX ÉDITIONS FLAMMARION

Saint-Germain-des-Prés
Le Paris de Jacques Prévert
Les Champs-Élysées
Le Goût du Voyage, de l'Orient-Express aux trains à grande vitesse

CHEZ DIVERS ÉDITEURS

Voyages, préface de Pierre-Jean Rémy (Olivier Orban)
Escales (La Table Ronde)
L'Art du Sud — Provence/Côte d'Azur (Image-Magie)
Normandie, préface de Malcolm Forbe (Image-Magie)
Vivre Paris, préface de Jacques Laurent (Mengès)

Jean-Paul Caracalla

VAGABONDAGES LITTÉRAIRES DANS PARIS

François René de Chateaubriand
Stendhal
Honoré de Balzac
Victor Hugo
Gustave Flaubert
Alphonse Daudet
Marcel Proust
Léon-Paul Fargue
Blaise Cendrars
Les écrivains américains de Montparnasse
Georges Simenon

La Table Ronde
7, rue Corneille, Paris 6e

ISBN 2-7103-2602-7.

À Jean des Cars,
mon complice, mon ami.

Il y a des années que je rêve d'écrire un « plan de Paris » pour personne de tout repos, c'est-à-dire pour des promeneurs qui ont du temps à perdre et qui aiment Paris.

Léon-Paul Fargue, *Le Piéton de Paris.*

Je conseille à Valery Larbaud…

Je conseille, écrit Paul Morand[1], à Valery Larbaud, qui eût voulu, consciencieux touriste, découvrir Paris par arrondissement :

> une cure d'air à Sainte-Geneviève, un grand tour au Parc Montsouris, pèlerin passionné qui n'oublie jamais Paris, rêvant d'accomplir sur la rive gauche quelques petits voyages en rond ou en zigzag.

« On ne vit qu'à Paris, et l'on végète ailleurs. » Louis Gresset (1709-1777), auteur malicieux et professeur de collège, a dû se morfondre à Moulins, à Tours, et à Rouen, lorsque, professeur, il y enseignait, pour confesser pareil aveu, à faire dresser les cheveux des zélateurs de la décentralisation. Même son de cloche chez Germaine de Staël : elle s'étiole à Coppet, part boucler un tour d'Europe, et s'empresse de regagner son cher ruisseau de la rue du Bac.

1. Paul Morand, *Paris*, La Bibliothèque des Arts, Paris-Lausanne.

Paris, l'un des « plus nobles ornements du monde » (Montaigne) ; Paris, qui faillit être anéanti un jour d'août 1944 sur l'ordre insensé de celui qui venait de mettre l'Europe à feu et à sang, a vécu sa longue histoire dangereusement, bien des fois. Les ravages des révolutionnaires, les incendies des Communards, ont ruiné nombre de monuments glorieux, mais Paris a toujours fait montre de cœur et de courage face à ses infortunes. Âme du pays, ville lumière, ville des lumières, c'est à Paris que souffle l'esprit enflammant les passions les plus folles, où naissent parfois dans le secret quelques chefs-d'œuvre qui ne restent pas longtemps méconnus des dénicheurs de talents.

Mettons nos pas dans ceux de quelques romantiques et autres bousingots, boutefeux de la culture ; suivons les rues des bourlingueurs et des vadrouilleurs ; asseyons-nous aux terrasses des cafés où immigrants et heimatlos griffonnaient sur des guéridons ; écoutons les propos de table de ces dîners littéraires qui ont nourri le XIXe siècle où vins généreux et saveur des viandes déliaient des langues qui n'étaient pas de bois.

Escorter des écrivains dans « leur Paris » est un voyage à travers l'espace et le temps, une promenade captivante dans la capitale en suivant leur itinéraire parisien ou en retrouvant les logis des personnages de leurs romans auxquels nous identifions leurs auteurs bien souvent.

La vie parisienne de Chateaubriand

DE COMBOURG À PARIS.

François René de Chateaubriand se prépare à effectuer son premier voyage à Paris. Il quitte Combourg au mois d'août 1786 pour se rendre à Rennes où un membre de sa famille se propose de lui trouver un moyen de locomotion pour se rendre dans la capitale :

> Je débarquai dans cette dernière ville chez un de mes parents. Il m'annonça tout joyeux qu'une dame de sa connaissance, allant à Paris, avait une place à donner dans sa voiture, et qu'il se faisait fort de déterminer cette dame à me prendre avec elle. J'acceptai en maudissant la courtoisie de mon parent.

Le futur auteur de *La Vie de Rancé* a dix-huit ans, c'est un jeune Breton sauvage, d'une timidité insurmontable, rougissant devant les femmes, ignorant les usages des grandes villes. Effectuer le voyage à Paris dans une chaise de poste, avec pour seule compagnie Mme Rose, marchande de mode leste et désinvolte le terrorise. Gauche, inhibé, balbutiant, le tête-à-tête est pour lui une rude épreuve. Il ne parvient pas à s'entretenir avec cette femme. La nuit venue, terrifié, il se réfugie dans un angle de la voiture, et ne dit mot jusqu'à Paris. En arrivant à destination au petit jour, Mme Rose s'empresse de se débarrasser de son béjaune, en le déposant à l'hôtel de l'Europe, rue du Mail, disparu aujourd'hui, non loin de la place des Victoires.

« Je n'ai de mes jours revu Mme Rose », écrit Chateaubriand un demi-siècle plus tard avec, semble-t-il, un sentiment de regret ; secrètement déçu de ne pouvoir lui faire constater ce qu'il est advenu de ce benêt dont elle regrettait de s'être « emberloquée », un jour du mois d'août 1786, entre Rennes et Paris.

Chateaubriand se montre singulièrement niais pour un garçon de son âge. Enfermé dans sa chambre, au troisième étage de l'hôtel de l'Europe, il est angoissé, au point de songer à repartir aussitôt pour sa Bretagne. Mme Rose, prise de pitié devant le désarroi du jeune homme, prévient son frère dont l'adresse lui avait été communiquée à Rennes. L'arrivée de son aîné, flanqué de leur cousin Moreau, le requinque finalement. Rondouillard, faraud et bavard, Moreau a tout d'un viveur fréquentant tripots, antichambres et salons. Il propose illico au jeune dadais de le conduire chez une dame dont le nom aristocratique dissimule, semble-t-il, une activité moins noble. Nouvelle panique du jeune homme maîtrisée par son frère aîné, jugeant plus opportun de le conduire chez Julie de Farcy, leur sœur, venue à Paris pour consulter des médecins.

Le lendemain, dès potron-minet, le cousin Moreau vient le chercher à son hôtel pour effectuer, en sa compagnie, un tour dans Paris. François René le suit, résigné. En fait, la promenade se borne à arpenter les rues malpropres des environs du Palais-Royal. Moreau, devenu brusquement bien puritain, met en garde le jeune provincial contre les dangers auxquels s'expose tout flâneur dans ce quartier mal famé. Puis, pour conclure la journée, tous deux s'attablent dans un restaurant, où François René déplore la médiocrité des mets, et la conversation inepte de son cousin. Dans de telles circonstances, Paris ne peut que donner au jeune vicomte la nostalgie de Combourg où, reclus dans son donjon, sa solitude n'était meublée que des vols et des cris des martinets.

Chateaubriand effectue ses premières armes au régiment de Navarre à Cambrai, puis revient dans la capitale où il doit être présenté à la cour de S.M. Louis XVI, à Versailles. Il est terrorisé par la pompe et les ors de la résidence royale :

> J'avais l'air d'un homme que l'on traîne aux galères, ou sur lequel on va prononcer une sentence de mort.

Ne connaissant d'autre établissement que l'hôtel de l'Europe de la rue du Mail, il s'y installe de nouveau, va chaque jour déjeuner rue des Fossés-Montmartre (rue du Faubourg-Montmartre) chez son frère. Celui-ci, décontenancé par la gaucherie de son cadet, ne peut se résoudre à l'introduire dans le monde. François René s'accommode de monter chaque matin au manège, puis, meuble sa solitude en traduisant l'*Odyssée* et la *Cyropédie* de Xénophon. Questionné par son frère sur l'occupation de ses journées, il répond qu'il ne fait rien. Navré, l'aîné hausse les épaules, lui tourne le dos, pronostique qu'il mourra ignoré et inutile à sa famille. Le soir venu, François René se noie dans la foule des boulevards, traîne le long des quais, s'enhardit, parfois, à prendre une loge à l'Opéra ou au Théâtre-Français. Dans la nuit, il constate amèrement : « Sous tant de toits habités, je n'avais pas un ami[1]. »

QUELQUES PORTRAITS D'ARTISTES PARISIENS.

François René et ses sœurs Julie et Lucile, « les trois plus jeunes oiseaux de la couvée », arrêtent, en 1787, un appartement à Paris, dans les pavillons de Saint-Lazare, en haut du faubourg Saint-Denis[2], dans le voisinage de la demeure de leur frère aîné.

François René fait la connaissance de Delisle de Sales[3], que lui présente sa sœur Julie. Auteur d'une *Philosophie de la nature* et d'une *Histoire phi-*

1. Les textes de Chateaubriand cités dans ce chapitre sont extraits des *Mémoires d'outre-tombe*.
2. L'ancienne léproserie devenue prison, 107, rue du Faubourg-Saint-Antoine, démolie en 1940.
3. Delisle de Sales (1741-1816), membre de l'Institut.

losophique du monde primitif, celui que l'on surnomme le Singe de Diderot est le premier homme de lettres qu'il rencontre :

> Delisle de Sales, très brave homme, très cordialement médiocre, avait un grand relâchement d'esprit, et laissait aller sous lui ses années ; ce vieillard s'était composé une belle bibliothèque avec ses ouvrages, qu'il brocantait à l'étranger et que personne ne lisait à Paris.

Portrait peu amène de celui qu'il considère à l'époque comme un aigle. Delisle lui présente Carbon de Flins des Oliviers[1] « d'une éducation négligée, au demeurant homme d'esprit et parfois de talent », lequel le présente à Louis de Fontanes. Ce dernier l'invite chez lui, puis l'entraîne chez Joseph Joubert. Ils deviendront des amis, pour toujours.

> Flins habitait rue Mazarine, il n'avait qu'une petite pension de sa famille, vivait de crédit. Vers les vacances du Parlement, il mettait en gage les livrées de ses Savoyards [ses domestiques], ses deux montres, ses bagues et son linge, payait ce qu'il devait, partait pour Reims, y passait trois mois. De retour à Paris, il retirait, au moyen de l'argent que lui donnait son père, ce qu'il avait déposé au Mont-de-Piété, et recommençait le cycle de cette vie, toujours joyeux et bien reçu.

1. Emmanuel Carbon de Flins des Oliviers (1757-1806), auteur d'un poème *Voltaire*. Il collabore avec Fontanes au journal *Le Modérateur*.

Pendant les deux années précédant l'ouverture des États généraux, Chateaubriand se pousse dans la gentry des lettres parisiennes. Il écrit au chevalier de Parny[1], « le seul poète élégiaque de la France », le priant de le recevoir. Reçu rue de Cléry par l'auteur, « homme grand, mince, le teint brun, les yeux noirs, enfoncés et fort vifs », Chateaubriand se lie avec lui. Il le reniera lorsque celui-ci se changera en un « misérable révolutionnaire ».

Il rencontre encore Ginguené, fait la connaissance de Chamfort qu'il compare aux sages de la Grèce. Le moraliste deviendra à son tour infréquentable en épousant la cause révolutionnaire.

> Mais sans contredit, le plus bileux des gens de lettres que je connus à Paris à cette époque était Chamfort ; atteint de la maladie qui a fait les Jacobins, il ne pouvait pardonner aux hommes les hasards de sa naissance.

Sans contester son esprit ni son talent, Chateaubriand donne peu de chance à son œuvre d'atteindre la postérité. C'était sans compter sur Pierre-Louis Ginguené, l'ami de Chamfort qui réunira, plus tard, *Maximes et Pensées*, aphorismes et mots du moraliste spirituel et caustique. Ginguené n'est guère mieux traité que lui :

> Ginguené vivait dans le monde sur la réputation d'une pièce de vers assez gracieuse, *La Confession de Zulmé*, qui lui valut une chétive place dans

1. Évariste Désiré de Forges, vicomte de Parny (1753-1814), auteur de poésies érotiques dont la grâce et la finesse annoncent le romantisme.

> les bureaux de M. de Necker ; de là sa pièce sur son entrée au contrôle général. D'humble qu'il était nous vîmes croître son orgueil, à mesure qu'il s'accrochait à quelqu'un de connu. Vers le temps de la convocation des États généraux, Chamfort l'employa à barbouiller des articles pour des journaux et des discours destinés à des clubs : il se fit superbe. [...] tombé de la médiocrité dans l'importance, de l'importance dans la niaiserie et de la niaiserie dans le ridicule, il a fini ses jours littérateur distingué, comme critique.

Grâce à son épouse, les jeunes Chateaubriand furent avertis du danger imminent d'un massacre devant être perpétré aux Carmes. Mme Ginguené leur donna asile, chez elle, cul-de-sac Férou, près de Saint-Sulpice.

> Lorsque je relis la plupart des écrivains du XVIIIe siècle, conclut-il, je suis confondu et du bruit qu'ils ont fait et de mes anciennes admirations.

Dans cette galerie de portraits gravés d'un burin acéré, Louis de Fontanes, compagnon d'exil, bénéficiera de l'allégeance indéfectible de son ami Chateaubriand.

> Une amitié toujours accrue par la mauvaise fortune, jamais diminuée par la bonne.

Les opinions monarchistes exposées par Fontanes dans *Le Modérateur* s'accordent avec celles de François René. Pour lui, il est, avec Chénier, le dernier représentant de l'école classique. À ce titre, Fontanes observera avec circonspection ce romantisme naissant dont Chateaubriand est le chef de file. Ébahi à la lecture des premiers fragments des *Natchez* et de *Atala* — « il comprenait une langue qu'il ne parlait pas » — Fontanes, loin de l'accabler, prodiguera à son jeune ami des conseils judicieux concernant l'euphonie de la prose, le danger des divagations, ou l'exécution rocailleuse employée par ses épigones. Enfin, il l'incitera à poursuivre l'ouvrage qui deviendra *Le Génie du christianisme.*

RETOUR DANS UN PARIS SURCHAUFFÉ.

Après avoir assisté, à Rennes, à la réunion mouvementée des États de Bretagne au mois de juin 1789, Chateaubriand revient à Paris. Accompagné de ses deux sœurs, il descend désormais dans un hôtel garni de la rue de Richelieu.

L'exaltation révolutionnaire règne dans les rues de la capitale envahies par la foule. À chaque carrefour, des groupes se forment, s'interrogent sur la surexcitation ambiante. Parmi les orateurs haranguant les Parisiens au Palais-Royal, on écoute principalement le dénommé Camille Desmoulins.

Au cours des mois précédant son retour à Paris, les événements se sont précipités dans la capitale : l'émeute du 27 avril, rue du Faubourg-Saint-Antoine, où la fabrique de papiers peints Réveillon a été pillée, à la suite de rumeurs sur une baisse des salaires ; les États généraux se sont réunis le 5 mai ; la constitution du tiers état en Assemblée nationale est proclamée le 17 juin, et le

Serment du Jeu de paume, prêté le 20 juin ; enfin le 23 juin, le clergé et la noblesse se sont unis au tiers état.

Le 14 juillet, Chateaubriand assiste à la prise de la Bastille. Son récit indigné est, pour cause, moins glorieux que celui des manuels scolaires d'Histoire de France. Le 22, depuis la fenêtre de son hôtel de la rue de Richelieu, il voit passer

> deux têtes échevelées et défigurées, que les devanciers de Marat portaient chacune au bout d'une pique ; c'étaient les têtes de MM. Foullon et Bertier[1].

Le 6 octobre, il court aux Champs-Élysées pour voir passer la voiture du roi au milieu d'une forêt de piques et de baïonnettes. Son récit des jours de désordre, ses portraits fielleux des gloires de l'Assemblée, sont d'un observateur lucide à la férocité implacable.

En dépit de l'atmosphère menaçante, la vie de société se poursuit à Paris. Les allées des jardins des Tuileries sont « inondées de femmes pimpantes », alors que son Palais est une vaste prison où s'entassent les condamnés. L'élégance aristocratique fréquente l'hôtel de La Rochefoucauld[2], les salons de

1. Joseph François Foullon (1717-1789), adjoint au ministre de la Guerre, chargé de l'approvisionnement de « l'armée de siège ». Condamné à mort comme « affameur » du peuple. Louis Bénigne Bertier de Sauvigny, son gendre et adjoint, a subi le même sort.

2. Hôtel de Liancourt, puis hôtel de La Rochefoucauld après le mariage de la petite-fille du duc de Liancourt avec le duc François de La Rochefoucauld. L'hôtel a été abattu en 1824 et on a construit sur son emplacement les maisons de la rue des Beaux-Arts.

la haute magistrature et celui de M. Necker. Chez les divers ministres, Mmes de Beaumont et de Sérilly comme la duchesse d'Aiguillon se rencontrent avec Mme de Staël[1]. On visite les couvents désormais ouverts au public, on célèbre un peu partout les fêtes de la destruction.

Les rues de Paris, encombrées jour et nuit par la foule, interdisent au vicomte de flâner. Alors il se réfugie dans une loge, assiste vingt fois de suite au même spectacle, « m'ennuyant pour me désennuyer, comme un hibou dans un trou de mur ».

C'est alors que germe dans son esprit l'idée d'un voyage aux États-Unis d'Amérique. M. de Malesherbes[2] l'encourage à partir. Ensemble, ils se penchent sur des atlas, étudient des itinéraires, lisent les récits des navigateurs anglais, hollandais, espagnols, français, russes et suédois. Malesherbes lui dit :

> Si j'étais plus jeune, je partirais avec vous, je m'épargnerais le spectacle que m'offrent ici tant de crimes, tant de lâchetés et de folies.

Muni d'une recommandation pour le général Washington, Chateaubriand quitte Paris début avril 1791, embarque à Saint-Malo le 8, sur le *Saint-Pierre*, brigantin de 160 tonneaux à destination du Nouveau Monde, où il arrive le 9 juillet.

1. Après les Cent-Jours, Mme de Staël habita rue Royale, puis rue Neuve-des-Mathurins où elle décéda le 14 juillet 1817.

2. Chrétien Guillaume de Lamoignon de Malesherbes (1721-1794), homme politique, protecteur des « philosophes », défenseur de Louis XVI devant la Convention. Il est exécuté sous la Terreur.

Son périple aux États-Unis accompli, il revient en France le 2 janvier 1792, et se marie à Saint-Malo avec Mlle Céleste Buisson de Lavigne, jeune orpheline que l'on croyait riche héritière. Après la proclamation de la République, Chateaubriand s'exile en Angleterre avec son frère. Son amitié avec Fontanes prend alors toute son ampleur à Londres. Il ne pourra revenir à Paris que huit ans plus tard, au mois de mai 1800, apportant avec lui les premières feuilles imprimées du *Génie du christianisme.*

À PARIS, APRÈS UNE SI LONGUE ABSENCE.

Fontanes l'accueille chez lui, rue Saint-Honoré, à deux pas de Saint-Roch, le présente à sa femme, puis l'entraîne chez Joseph Joubert, où il trouve un abri provisoire. Il loue un entresol, rue de Lille, près de la rue des Saints-Pères, retrouve son vieux Delisle de Sales, se rend chez Ginguené, rue de Grenelle-Saint-Germain, près de l'hôtel du Bon La Fontaine. Il s'amuse de l'avertissement consigné sur la loge de son concierge :

> Ici on s'honore du titre de citoyen, et on se tutoie. Ferme la porte, s'il vous plaît.

Le courant ne passera guère entre les deux écrivains trop imbus, l'un et l'autre, de leur génie.

Après huit ans d'exil à Londres, Paris inspire à Chateaubriand quelques remarques acerbes concernant les mœurs de la capitale.

> Je ne pouvais me faire à la saleté de nos maisons, de nos escaliers, de nos tables, à notre malpropreté, à notre familiarité, à l'indiscrétion de notre bavardage : j'étais Anglais de manière et de goûts.

Puis, comme s'il voulait infléchir ses propos peu amènes, tempérer ce jugement défavorable sur ses compatriotes, il exalte avec ferveur les caractères propres aux Parisiens :

> Mais peu à peu je goûtais la sociabilité qui nous distingue, ce commerce charmant, facile et rapide des intelligences, cette absence de toute morgue et de tout préjugé, cette inattention à la fortune et au nom, ce nivellement naturel de tous les rangs, cette égalité des esprits qui rend la société française incomparable et qui rachète nos défauts : après quelques mois d'établissement au milieu de nous, on sent qu'on ne peut vivre qu'à Paris.

Enfermé dans son entresol, il travaille. Dans ses moments de répit, il va se promener au Palais-Royal où Camille Desmoulins ne pérore plus en plein vent. On ne voit plus circuler des troupes de prostituées, compagnes virginales de la déesse Raison, et marchant sous la conduite de David, costumier et corybante. Dans les galeries, des marchands ambulants haranguent le chaland pour lui vendre des vues d'optique, des ombres chinoises, des cabinets de physique. « Malgré tant de têtes coupées, il restait encore des oisifs. »

Il traîne sa nostalgie en allant revoir les lieux de ses premières rêveries. Derrière le Luxembourg on achève de démolir la Chartreuse, située en face de la Closerie des Lilas. Les places des Victoires et de Vendôme pleurent les effigies absentes du grand roi. La communauté des Capucines est saccagée et le cloître intérieur est occupé par le matériel des « fantasmagories » de Gaspard Robertson[1]. Aux Cordeliers, rue de l'École-de-Médecine, il cherche en vain la nef gothique où il avait assisté aux débuts de Marat et de Danton.

À l'orée du siècle nouveau, Paris commence sa métamorphose.

Chateaubriand dédie à Bonaparte, restaurateur de la religion, *Le Génie du christianisme* et entame une carrière publique et mondaine. Il sera nommé premier secrétaire d'ambassade à Rome, puis ministre de France dans le Valais.

À PARIS, RETOUR DE JÉRUSALEM.

Après la mort du duc d'Enghien, Chateaubriand démissionne de son poste. Sa rupture avec Bonaparte est consommée. À son retour à Paris en 1804, il s'installe pendant une année dans un petit hôtel de la rue de Miromesnil.

La vente de l'immeuble le contraint à chercher refuge ailleurs. Il loue à la marquise de Coislin l'attique de son hôtel, place Louis XV (place de la Concorde, fait le pendant de l'hôtel de Crillon, au coin de la rue Royale), prépare son voyage pour le

1. Gaspard Robertson (1762-1837), professeur à Liège, perfectionne l'art des « fantasmagories », art de produire des images sur un écran au moyen de la « lanterne magique ».

Levant. Sa relation constituera le sujet de son ouvrage : *Itinéraire de Paris à Jérusalem.*

Du 13 juillet 1806 au 5 juin 1807, Chateaubriand pérégrine en Orient.

À son retour à Paris, il quitte son logis de la place Louis-XV pour l'hôtel de Lavalette, rue des Saints-Pères, en attendant de prendre possession de sa chaumière de la Vallée-aux-Loups, à Châtenay-Malabry[1], alors en travaux. Il ira, prudemment, s'y faire oublier quelque temps.

Il vient de temps à autre pour de brefs séjours dans la capitale, pour surveiller l'impression de son ouvrage *Les Martyrs*. Élu à l'Académie française en 1811 au fauteuil de Marie-Joseph de Chénier, il fait, dans son discours de réception, l'éloge de l'auteur des paroles du *Chant du départ* mis en musique par Étienne Méhul. Immortel, il estime, dorénavant, que « sa vie de poésie et d'érudition [fut] véritablement close par la publication de [ses] trois grands ouvrages, *Le Génie du christianisme* (1802), *Les Martyrs* (1809) et l'*Itinéraire* (1811) ».

ACCRÉDITÉ, PUIS DISCRÉDITÉ. CHATEAUBRIAND RETROUVE PARIS.

Dans l'hiver de 1813-1814, Chateaubriand prend un appartement rue de Rivoli.

1. Maison de Chateaubriand ; est aujourd'hui un musée, dans lequel se déroulent des manifestations concernant l'œuvre du vicomte.

> En face de la première grille du jardin des Tuileries, devant laquelle j'avais entendu crier la mort du duc d'Enghien. On ne voyait encore dans cette rue que les arcades bâties par le gouvernement et quelques maisons isolées s'élevant çà et là avec leur dentelure latérale de pierre d'attente.

Tandis que l'Empire s'écroule, il s'active à Paris en publiant *De Buonaparte et des Bourbons*, en collaborant au *Journal des débats*, en créant avec quelques amis *Le Conservateur*.

Retrouvant grâce auprès du pouvoir, Chateaubriand part pour Berlin le 1er janvier 1821, à titre d'ambassadeur de France. À Paris, il fait un froid à pierre fendre, la Seine est gelée. Aussi, n'est-il pas mécontent que sa fonction lui octroie une voiture confortable pour son voyage.

L'année suivante, le voici ambassadeur en Grande-Bretagne, accrédité auprès du roi George IV à Londres, puis plénipotentiaire, représentant la France au congrès de Vérone. Ministre des Affaires étrangères en 1823, il est destitué le 6 juin 1824, le jour même où il attendait, pour un dîner privé, une quarantaine de personnes dans les salons de son ministère.

> Les embarras de la richesse et les inconvénients de la misère me suivirent dans mon logement de la rue de l'Université.

Après avoir envoyé ses regrets aux convives, il ne lui restait plus qu'à replier dans son modeste appartement les plats préparés et les ustensiles de cuisine.

> Montmirel[1] et ses aides se mirent à l'ouvrage, et nichant casseroles, lèchefrites et bassines dans tous les coins, il mit son chef-d'œuvre réchauffé à l'abri. Un vieil ami vint partager mon premier repas de matelot mis à terre.

C'est tristement qu'il se résigne à habiter la maison de la rue d'Enfer (92, avenue Denfert-Rochereau depuis 1879) où il fait exécuter des travaux d'agrandissement. Il l'avait acquise, pour sauver l'Infirmerie de Marie-Thérèse, que Mme de Chateaubriand transforma, en 1819, en maison hospitalière, chargée d'y recueillir des personnes d'un rang social élevé que l'infortune avait fait tomber dans la misère. Après sa mort, Chateaubriand s'y installe, arrange cette maison des champs à son goût. Il se plaît au cœur des prés où paissent les bêtes de l'infirmerie. Dans le parc, il plante vingt-trois cèdres de Salomon, et deux chênes de druides. C'est là qu'il va vivre les heures chaudes de 1830, il y écrit ses *Études historiques*, un *Essai sur la littérature anglaise*, *Le Congrès de Vérone* et une grande partie des *Mémoires d'outre-tombe*. Puis il voyage ; projette de se fixer à l'étranger ; revient à Paris ; quitte la rue d'Enfer, pour venir s'installer dans un rez-de-chaussée au 112, rue du Bac, allant chaque jour faire sa cour à Mme Récamier, sa voisine. Cette « amoureuse de l'amitié » tient salon à l'Abbaye-aux-Bois, l'ancien couvent des Bernardines de la rue de Sèvres,

1. Montmirel, chef cuisinier de Chateaubriand à l'ambassade de Londres et au ministère des Affaires étrangères.

démoli en 1907. Après des revers de fortune, Juliette Récamier vient y habiter de 1819 à 1829. C'est ici qu'eurent lieu, en 1834, dans un autre appartement plus cossu, les lectures des *Mémoires.* Chateaubriand évoque avec ferveur « l'asile solitaire » de son amie et la douce intimité de ses visites quotidiennes au cours desquelles une réelle sérénité, aliénée par la hantise de la mort, le « délassait ». Ces heures de paix passées près de son amie le dédommagent, écrit-il, des heures troubles et de l'absence des hommes qu'il estimait : Joubert, Fontanes, Benjamin Constant, tous anciens familiers de Mme Récamier. Là « j'entrevoyais le prochain repos que ma foi, que mon espérance appelle ». Le 4 juillet 1848, Chateaubriand, lumière du siècle, s'éteint dans sa demeure de la rue du Bac. Moins d'un an plus tard, le 11 mai 1849, Juliette Récamier disparaissait.

Stendhal pariggiano

ADIEUX À SA CHÈRE LOMBARDIE, STENDHAL EST À PARIS.

Stendhal[1] — il s'est arrogé le titre de Milanese — n'aime guère Paris. Il s'y sent malheureux, oppressé, tendu ; il éprouve une gêne qui l'indispose.

> Je n'habiterai jamais la France, les Français me font venir la chair de poule à force de déplaisir, d'éloignement, de déplaisance, de mépris.

Il reproche à Paris, à l'inverse de Grenoble, sa ville natale, d'avoir lâché Napoléon en 1814 et en 1815. Bien que, par un paradoxe curieux, ce fou d'Italie avoue avoir souvent ressenti la nostalgie de la capitale et de ses boulevards, comme tout exilé rêve de la mère patrie.

Ce 21 juin 1821, le voici à Paris. Suspecté de carbonarisme par la police italienne, il a fui Milan

1. Pseudonyme de Henri Beyle en souvenir de son passage à Stendal en 1807. Dans cette petite ville allemande de la Marche de Brandebourg, il était tombé amoureux de « cette âme du Nord », la blonde Wilhelmine de Grisheim.

où il espérait vivre pour toujours. Cependant, il est parti de son plein gré, abandonnant Métilde Dembowska sa bien-aimée, militante engagée dans la lutte contre l'oppression autrichienne, plus préoccupée par l'action clandestine que par la passion que lui voue Stendhal.

Exilé volontaire en France, il s'installe, la mort dans l'âme, à l'hôtel de Bruxelles, 45, rue de Richelieu, retrouve au café de Rouen, situé dans la même artère, son ami Mareste, modeste chef de bureau à la préfecture de police. Chaque jour, il accompagne à son bureau ce vieux garçon bougon, tourmenté par des projets matrimoniaux et de fortune, puis le soir venu, s'attable avec lui dans la salle à manger de l'hôtel, ou bien le rejoint au spectacle. L'acrimonie de Mareste, sa façon de noircir l'existence s'accordent bien à la déréliction de Stendhal.

Pendant les beaux après-midi de cet été, il bâille sa mélancolie sous les frondaisons du jardin des Tuileries, se délecte de son chagrin dans les allées du bois de Boulogne, fuit ce qui pourrait le distraire de la pensée de Métilde. On l'invite à renouer avec ses relations parisiennes, les Beugnot, son cousin Daru, Barral, d'Argout, à prendre une nouvelle maîtresse, en vain. Rien ne peut le convaincre de se débarrasser de cette chape de tristesse qui lui brûle l'âme, ni du spleen qui lui pèse comme un couvercle. Amant écarté de Métilde, il pressent, dans les yeux des autres, une lueur de mépris pour ses déboires amoureux, ou croit percevoir la moquerie de ceux qui connaissent ses fiascos répétés. Le plus cuisant étant celui du mois d'août dernier, lorsque ses amis ayant décidé de le délivrer de son ennui lui proposent, au cours d'une partie fine, Alexandrine, fille superbe, faisant ses débuts dans la galanterie. « Je la manquais parfaitement, fiasco complet. »

Dans ses *Souvenirs d'égotisme*, Stendhal ne dissimule rien de sa détresse. Il en vient à envisager un coup d'éclat pour tirer profit de son déchirement, assassiner Louis XVIII par exemple. La musique, le théâtre seront les dérivatifs qui le détourneront de ce noir dessein. Et puis, belle aubaine ! la Pasta[1], la célèbre cantatrice, s'installe 63, rue de Richelieu à l'hôtel des Lillois, à deux pas de chez lui. Pour cet homme qui ne cesse de rêver à la Scala de Milan, à Métilde, c'est un bonheur véritable de monter chez la « Giuditta »-la diva, de parler, de ménage ou de cuisine, en l'attendant, en dialecte milanais, avec sa domestique, cette mamma Rachel. Il joue au pharaon[2], en rêvant jusqu'au petit jour mais, désargenté, ne peut payer ses dettes de jeu. Après quoi, il rejoint sa chambre au troisième étage, corrige les épreuves de *De l'amour*, ce livre griffonné à Milan qu'il croyait avoir égaré, disait-il ; ajoutant qu'y travailler à Paris lui faisait mal et qu'il se refusait de l'arranger.

Les deux petits volumes de *De l'amour* paraîtront, sans nom d'auteur, le 17 août 1822 chez Mongie, un éditeur prenant tous les frais d'impression à sa charge, mais qui ne lui versera

1. Pasta (Giuditta Negri), cantatrice italienne (1798-1865), créatrice entre autres des œuvres de Bellini : *Norma*, *Beatrice di Tendi*, etc.

2. Jeu de cartes de hasard et d'argent.

des droits d'auteur que lorsque la vente des ouvrages aura couvert ses dépenses.

Il quitte l'hôtel de Bruxelles pour celui des Lillois, au 63 (aujourd'hui le 61, rue de Richelieu), où s'est installée la Pasta, heureux de se rapprocher davantage de ce nouveau chez soi.

Le succès parisien de la rivale de la Malibran date de 1827. Mariée et mère de famille, la Pasta n'est pas très jolie. George Sand la voit petite et grasse avec un fort beau buste. Sa voix exceptionnelle de mezzo-soprano bouleverse Stendhal et les publics du Covent Garden de Londres, de la Fenice de Venise, de la Scala de Milan ou du théâtre Maly à Saint-Pétersbourg.

Très généreuse avec les proscrits italiens, vivant le plus souvent à ses crochets, l'Italie libérale en exil se retrouve chez elle. Dans ce milieu transalpin, la pensée de Métilde resurgit dans l'esprit de Stendhal.

LE GRENIER DU ROMANTISME.

Rue Chabanais, à l'angle de la rue des Petits-Champs, se réunissent chaque dimanche, autour d'Étienne Delécluze[1], dans le grenier d'une maison existant toujours, les membres d'un cercle notoire baptisé « Le Romantisme ».

1. Étienne Delécluze (1781-1863). Peintre, écrivain et critique, il étudie la peinture dans l'atelier de David, puis se consacre à la critique, fréquente les milieux de la jeunesse littéraire, et publie plusieurs romans. C'est surtout un témoin de son temps. Son *Journal* n'a paru qu'en 1946.

Un dimanche de février 1822, Stendhal gravit les quatre-vingt-seize marches de l'escalier qui conduit à la mansarde, pour participer à l'un des colloques. Il est ravi de se trouver dans un milieu de beaux esprits, s'entretenant de tout sur le ton de la politesse la plus urbaine. Pour lui, c'est la redécouverte du Paris des belles-lettres, la patrie de Molière et de Voltaire. Enfin il va parler de littérature, de ses ouvrages, recueillir des informations sur la vie littéraire — ce que Delécluze lui reprochera quand il apprendra qu'il alimente ainsi, à bon compte, ses chroniques destinées à des journaux anglais.

Son œuvre romanesque s'amorce à partir de là. Son influence, dans cette espèce de néo-romantisme de la gauche libérale, s'oppose au romantisme pur et dur du Cénacle, nom donné au groupe des jeunes romantiques se réunissant dans le salon de Charles Nodier à l'Arsenal, 1, rue de Sully, puis, plus tard, chez Victor Hugo.

Étienne Delécluze, physique ingrat de vieux garçon, vrai bourgeois de Paris, satisfait de lui-même, un béotien émoustillé (Sainte-Beuve), affable et fruste, est un nanti. Étienne, comme il aime qu'on le nomme, ne s'intéresse qu'à lui. En 1862, il publiera ses *Souvenirs de soixante années* dont le narcissisme puéril est consternant.

Si dans son grenier Étienne apprécie les échanges de bon ton, les interventions de Stendhal le séduisent autant qu'elles le terrifient. Stendhal découvre chez Delécluze de jeunes constitutionnels et romantiques, ceux du *Globe*[1], dont certains seront ses disciples.

Pourtant, il se sent toujours mal à l'aise à Paris. Il dit à Delécluze qu'il n'a pas d'amis et qu'il n'en veut pas. « J'aime mieux un ennemi qu'un ennuyeux. »

Les neutres, les timorés, les mystificateurs, les aigris, les austères sont pour lui des adversaires et souvent ses souffre-douleur. Dans les salons parisiens, il est un débatteur étincelant. Ombrageux, susceptible, il appréhende les regards méprisants qu'on pourrait avoir pour son habit fatigué, son inélégance, ou son absence de voiture. Il impute sa sauvagerie à son manque de fortune : en fait, il n'a pour vivre que sa pension militaire de 900 francs, et une rente annuelle de 1 000 francs[2]. C'est trop peu pour mener une vie d'homme de lettres, se produire dans les salons, se vêtir à la dernière mode et voyager.

En 1822, il débute dans le journalisme comme correspondant de la revue anglaise *Paris Monthly Review*. Plutôt reporter de la vie parisienne — le mot est de lui — que chroniqueur. Il donne d'abord quelques articles sur des thèmes qui lui sont familiers : la littérature italienne, la musique, Rossini, compositeur en vogue, dont il écrira la biographie en 1823, une étude sur *Racine et Shakespeare*. Stendhal s'adresse à ses lecteurs sous

1. Journal philosophique, littéraire et politique fondé en 1824 auquel collaborent Jouffroy, Sainte-Beuve, Thiers, Guizot. Principal organe des saint-simoniens après 1830.

2. 1 000 francs ≈ 3 000 euros.

forme de lettres. Ces *Lettres de Paris*, publiées dans la *Review*, bénéficient d'une liberté d'expression entière et absolue. Stendhal, journaliste épistolaire, ne ménage ni le gouvernement, ni les institutions. Il n'épargne personne, traite aussi bien un homme politique d'illustre coquin que certains hommes de lettres de charlatans ; sans le moindre égard pour l'auteur fameux des *Mémoires d'outre-tombe*, il assène : « Chateaubriand est un archi-hypocrite. »

À PARIS, ENFIN CÉLÈBRE.

Après l'évolution favorable de sa situation, Paris n'est plus la cible de son ire :

> On peut dire que Paris est aujourd'hui plus que jamais le cœur de la France. C'est vers la capitale que se tournent tous les Français à la poursuite de l'instruction, de la richesse ou du plaisir. À tous, exceptée la classe des artisans, des petits commerçants et des paysans, la vie de province paraît pleine d'ennui.

Après un séjour passé outre-Manche, Stendhal semble heureux de se retrouver à Paris. Il s'installe rue Le Peletier, à côté de l'ancien Opéra — angle Haussmann/Le Peletier —, puis habite un hôtel rue d'Amboise dans une chambre donnant sur la rue de Richelieu. À quarante-trois ans, il entame sa carrière de romancier. Sitôt *Armance* paru, il part pour l'Italie. Il en est expulsé lorsque la police découvre que M. Stendhal est le pseudonyme d'Henri Beyle, l'auteur de *Rome, Naples et*

Florence, ouvrage remarqué pour son « très mauvais esprit politique », dans lequel le consul de France à Civitavecchia s'est permis « les plus véhéments et audacieux sarcasmes contre le gouvernement autrichien ».

Le 29 janvier 1828, il est de nouveau à Paris, loge à l'hôtel de Valois, 71, rue de Richelieu — aujourd'hui le 69 —, le plus tranquille de ses domiciles parisiens ; il y restera jusqu'en 1830. Certainement son domicile le plus permanent dans lequel il a le mieux travaillé. Il semble désormais détaché de ses amours passées, ce qui libère sa plume ; il écrit ici les *Promenades dans Rome* et *Le Rouge et le Noir.*

1830 marque l'année de son apogée ; célèbre, il est de ceux dont on parle. On le voit dans le monde, au café, dans les théâtres, sur les boulevards. Très smart, le chapeau légèrement baissé sur l'oreille, c'est un authentique Parisien. Au Jardin des plantes, il présente Mérimée aux Cuvier. Familier du baron Gérard, il rencontre dans son salon Delacroix, David d'Angers. Il appartient au cercle de la rue de Gramont, à l'angle de la rue éponyme et du boulevard des Italiens, où fréquentent Casimir Perier, Daru, Talleyrand, Fitz-James.

Avril 1837, il habite l'hôtel Favard, place Boieldieu, en face de l'actuel Opéra-Comique, puis en juillet prend une chambre chez une logeuse, au quatrième étage du 8, rue Caumartin, près du boulevard des Capucines. Lieu mémorable, où il écrit *La Chartreuse de Parme*. Enfin, au début de l'année 1839, il s'installe 30, rue Godot-de-Mauroy, près de son précieux ami Romain Colomb, chef de la comptabilité aux Messageries royales, qui sera son exécuteur testamentaire.

Après un nouveau séjour à Civitavecchia, où il a repris son poste de consul de France, Stendhal obtient un congé de Guizot[1]. Il revient à Paris en novembre 1841, après un voyage exténuant. Malade, il a dissimulé à ses amis qu'il vient d'être terrassé par une crise d'apoplexie. Bien que marqué par la maladie, il ne semble guère préoccupé par son état de santé. Il descend à l'hôtel de l'Empire, rue Neuve-Saint-Augustin, où se situent de nos jours les 7 et 9 de la rue Daunou. Le 16 décembre, il se transporte à l'hôtel de Nantes[2], 22, rue Neuve-des-Petits-Champs, aujourd'hui rue Danielle-Casanova.

LE DÉNOUEMENT D'UNE MORT ANNONCÉE.

Le 22 mars 1842, après avoir passé la matinée à écrire et à dicter *Suora Scolastica*, une nouvelle qu'il doit remettre de façon urgente à *La Revue des Deux Mondes*, Stendhal quitte son hôtel. Vers dix-neuf heures, alors qu'il se trouve devant le 24, rue des Capucines, il est frappé par une nouvelle atta-

1. François Guizot (1787-1874), homme politique et historien. À cette époque, ministre des Affaires étrangères.

2. Dans les années 1950-1980, cet hôtel, à l'enseigne de « Paris-mondain », était une maison de rendez-vous. Le stendhalien Jacques Laurent fréquenta cet hôtel dans un but qui n'avait rien d'historique. Une plaque rappelle que l'auteur de *La Chartreuse de Parme* est mort dans ce lieu.

que d'apoplexie. Les passants le voient tomber au moment où il vient d'arriver sur le boulevard. On le transporte évanoui dans un magasin proche, à deux pas de son ministère, situé à l'époque dans l'hôtel des Colonnades, à l'angle du boulevard et de la rue des Capucines. Vient-il d'en sortir ? On a prétendu qu'il venait de faire ripaille avec Guizot, tandis qu'Arsène Houssaye le décrit fort attentif à lorgner les filles afin de choisir une proie. En vérité personne ne peut dire ce qu'il faisait en ce lieu. Quoi qu'il en soit, le « Milanese » venait de tomber « au champ d'honneur du lettré parisien sur le boulevard[1] ». Romain Colomb, habitant rue Godot-de-Mauroy, a été prévenu rapidement ; vingt minutes plus tard, il est près de son ami. Un médecin de la rue Caumartin, dépêché près du malade, l'accompagne en fiacre à son hôtel. Il ne reprendra pas connaissance ; il meurt dans la nuit.

Colomb, en tant qu'exécuteur testamentaire, prie ses amis d'assister à ses obsèques, le jeudi 24 mars 1842 à midi, en l'église de l'Assomption, sise au coin des rues Cambon et Saint-Honoré.

Beyle, qui désirait tant être inhumé près de Shelley dans le cimetière protestant de Rome, est enterré à celui de Montmartre Nord. Colomb fait ériger un tombeau modeste, surmonté d'une urne portant les initiales H.B. Sur une plaque de marbre gravé, on peut lire le texte élaboré depuis longtemps par Stendhal :

1. Michel Crouzet, *Stendhal ou Monsieur Moi-même*, Grande Biographie (Flammarion, 1990).

Arrigo Beyle, Milanese,
Scrisse, Visse, Amo[1].
1783-1842.

À la fin du XIXe siècle, les premiers stendhaliens s'émeuvent de voir sa tombe abandonnée et délabrée. Ils lancent une souscription en 1892 soutenue notamment par Maurice Barrès, Paul Bourget, Alexandre Dumas fils, Ludovic Halévy, et Francisque Sarcey. Une vingtaine de personnes assistent à l'inauguration du tombeau restauré. L'urne a disparu au profit de la plaque de marbre que surmonte le médaillon de David d'Angers. Stendhal, qui rêvait d'être enterré dans un campo santo à l'ombre d'un cyprès, pour l'heure repose sous le pont métallique de Caulaincourt sur lequel passent voitures et tramways dans un vacarme assourdissant.

Avec le temps, et dans l'indifférence la plus totale, la tombe retourne à l'abandon.

Édouard Champion, éditeur d'une grande collection de textes stendhaliens, propose, avec l'appui d'Édouard Herriot[2], l'ouverture d'une souscription nouvelle ; elle se solde par un échec pour d'obscures raisons de préséances entre stendhaliens éminents. Noire de suie, perdue au milieu du cimetière, la sépulture de l'auteur des *Souvenirs d'égotisme* demeure sans entretien.

1. Henri Beyle, Milanais,/Il écrivit, il vécut, il aima.
2. Édouard Herriot (1872-1957), écrivain et homme politique français, maire de Lyon, sénateur, ministre ; auteur de *Madame Récamier et ses amis*.

En 1961, une campagne organisée par de fervents beylistes parvient à réunir les fonds nécessaires à la rénovation du tombeau. On brise la pierre tombale, on recueille les restes de Stendhal dans un petit cercueil d'enfant et, pour la seconde fois, on le met en terre dans une sépulture décente (30e division, concession 21, au premier rang en bordure de l'avenue de la Croix).

Le 23 mars 1962, à l'issue d'une cérémonie privée, tout ce qui compte à Paris de « happy few » s'en vient couvrir de fleurs et de discours exaltés le nouveau monument funéraire de celui qui, d'après Michel Crouzet, son pénétrant biographe, fut

> une ironie vivante, le paradoxe incarné, la logique tournée en préjugé, l'alliance de la mystique et de la mystification, un esprit d'enfer et un cœur angélique, un Moi suprême et triomphant, et tel qu'il n'en fut jamais d'autre.

Honoré de Balzac et la comédie urbaine

UN DÉBUT DANS LA VIE.

En novembre 1814, la famille Balzac quitte les doux paysages de la Touraine pour s'installer à Paris, 40, rue du Temple, dans le Marais. Honoré est mis en pension dans une institution catholique tenue par le royaliste Lepitre, qui se vantait d'avoir tenté de faire évader Louis XVI du Temple. Inconscient, le père d'Honoré envisage de faire préparer Polytechnique à son garçon, alors que celui-ci vient de redoubler sa troisième au collège de Tours. Élève moyen, Honoré est doué d'une mémoire étonnante. Sa lucidité et la précocité de ses jugements irritent sa mère. À ses sœurs se moquant de lui, il affirme qu'un jour « ce petit brisquet d'Honoré » surprendra son monde. Invité au château de Saché à la fin de ses vacances, il revoit, avec une certaine émotion, les jeunes femmes qu'il avait admirées, naguère, au bal donné en l'honneur du duc d'Angoulême, lors de sa visite à Tours, après la première abdication de Napoléon. Il a gardé de ces femmes et de leurs épaules nues ce *profumo di donna*, éveil de son désir d'amour.

En 1819, il réussit son baccalauréat en droit. Ses parents comptent sur lui maintenant pour participer aux frais de la vie familiale. Ils imaginent déjà leur fils notaire, richement établi ; le comble de la réussite et de la considération, pour une famille bourgeoise du Marais. Ces projets-là ne sont pas du goût d'Honoré ; lui ne rêve que d'amour et de gloire littéraire.

Un ami de la famille conseille à ses parents de tenter une expérience. Puisque leur rejeton prétend avoir du génie, qu'il le prouve. On lui alloue une pension et la location d'une mansarde, 9, rue Lesdiguières, près de l'Arsenal ; à lui de montrer ses talents pour écrire drames et romans.

On accède à sa mansarde par un escalier sale et branlant, menant au cinquième étage d'un vieil immeuble. Dans cet ermitage, ses seules distractions sont les lettres de ses sœurs Laurence et Laure, un bavardage du cœur, frais et juvénile.

Honoré ne fait qu'étudier, lit furieusement vers et prose français et étrangers, le *Code Napoléon*, Montesquieu ; après les bouleversements apportés par la Révolution, pourquoi ne pas écrire un nouvel *Esprit des Lois* ? Le soir, de la fenêtre de sa mansarde, il admire Paris au-delà des toits, s'imprègne de sa poésie, puis flâne dans le faubourg Saint-Antoine ou au cimetière du Père-Lachaise.

Deux ans pour affirmer son talent, c'est court. Honoré étudie Descartes, Spinoza, Leibniz, lit *De la recherche de la vérité* de Malebranche, et un nombre imposant d'ouvrages d'un éclectisme stupéfiant.

Mais il lui faut se lancer. Puisque l'épopée de Cromwell est à la mode, il est prêt à écrire sur ce sujet une tragédie en alexandrins français :

> Je suis décidé, dussé-je en crever, à venir à bout de Cromwell, et de finir quelque chose avant que maman ne me vienne demander compte de mon temps.

Ses sœurs lui offrent de soumettre son ouvrage à un homme de l'art, François Andrieux[1], de l'Académie française ; son verdict est sans ambiguïté : l'auteur doit faire quoi que ce soit, excepté de la littérature.

Loin d'être déprimé par l'oracle de l'éminent académicien, sa confiance en soi demeure intacte.

Avant la fin de l'année 1820, il abandonne sa mansarde. La tragédie n'étant pas son affaire, c'est du roman qu'il attend le succès. « Je n'ai que deux passions, l'amour et la gloire. »

Son refrain n'est guère original, tous les adolescents de caractère l'ont proclamé. Pour l'heure, une collaboration avec Le Poitevin[2] lui évite de justesse le retour dans une étude de notaire. Hubert, un libraire du Palais-Royal, leur achète

1. François Andrieux (1759-1833), professeur au Collège de France, secrétaire perpétuel de l'Académie française.

2. Auguste Le Poitevin de L'Egreville, dit Le Poitevin Saint-Alme (1791-1854), écrivain et journaliste ; il a écrit des romans, dont quelques-uns en collaboration avec Balzac, sous le pseudonyme de Villerglé. Sous la Restauration, il fonda *Le Figaro* puis *Les Abeilles.*

pour 800 francs *L'Héritière de Birague* qu'ils signent Vieillerglé et Lord Rhoone — anagramme d'Honoré. « Une véritable cochonnerie littéraire », bien vendue puisque le suivant, *Jean-Louis ou la Fille trouvée,* leur sera payé 1 200 francs[1]. Si Honoré trouve dégradant de publier ce genre d'ouvrage, il est assez content de montrer à sa famille qu'il gagne sa vie avec le métier qu'il s'est choisi.

C'est à cette époque qu'il fait la connaissance de Laure de Berny, voisine de ses parents à Villeparisis. Elle a quarante-trois ans, il en a vingt-deux. Il prend feu et la bombarde de lettres passionnées. Après la faible résistance qu'elle lui oppose, il devient son amant.

En novembre 1822, la famille Balzac s'installe dans le Marais, 7, rue du Roi-Doré. Honoré achève *Le Vicaire des Ardennes* pour le libraire Follet, *Wann-Chlore* pour l'éditeur Hubert. Il écrit à sa sœur Laure : « Je regrette bien de sacrifier la fleur de mes idées à ces absurdités. »

La famille, ayant acheté la maison de Villeparisis dont elle était jusqu'ici locataire, propose à Honoré de venir y vivre. Il refuse et loue un petit appartement au 2, rue de Tournon.

UNE TÉNÉBREUSE AFFAIRE.

En attendant la gloire littéraire qui le fera vivre de sa plume, Honoré, sur les conseils d'un ami de

1. 2 500 euros.

son père, se lance dans les affaires. À la vue des premiers daguerréotypes, il devine l'avenir de ce procédé nouveau, et rage de ne pouvoir l'exploiter. Impatient, il désire des succès immédiats. Apprenant que le libraire Urbain Canel, 30, place Saint-André-des-Arts, se prépare, avec un confrère, à publier, en un seul volume, les œuvres de La Fontaine et de Molière, Balzac s'enthousiasme devant cette innovation ; persuadé que les milliers de lecteurs cultivés souhaiteront posséder les classiques sous une forme compacte et pratique, il veut participer à l'entreprise. Attendre la fortune sans travailler beaucoup lui laissera du temps pour écrire. Pour financer le premier volume, les associés doivent réunir un capital. Mme de Berny apporte spontanément 9 250 francs[1] pour l'édition du La Fontaine. Elle désire que son Honoré, à défaut de succès littéraires, se libère du joug familial et vole de ses propres ailes. Si, dans le domaine des amours, « le petit brisquet » fait son chemin — il vient de séduire une autre Laure, la duchesse d'Abrantès —, les affaires, en revanche, ne sont guère reluisantes. Tiré à trois mille exemplaires, la vente du La Fontaine marche mal. Prudents, les associés de Balzac ont vite vendu leur part au libraire Baudouin pour 24 000 francs[2], trop heureux de se tirer de ce mauvais pas. On conseille alors à Honoré de se faire imprimeur pour récupérer ses pertes. Il pourrait ainsi impri-

1. 37 000 euros.
2. 54 000 euros.

mer le Molière mais aussi un Corneille et un Racine. Il trouve à acheter l'imprimerie Laurens, rue des Marais-Saint-Germain — aujourd'hui rue Visconti —, coût 60 000 francs[1], dont il ne possède pas le premier mille. Une amie de la famille Balzac avance 30 000 francs[2], Mme de Berny, en dépit des infidélités de son amant, le solde.

Le 4 juin 1826, il quitte la rue de Tournon pour s'installer 17, rue des Marais-Saint-Germain, au-dessus de l'imprimerie. Mais les clients sont rares et payent mal. En 1828, pour éviter l'inéluctable faillite, la société est dissoute. Une nouvelle firme, Laurent, Balzac et de Berny, est créée dans laquelle sa maîtresse, infortunée, mais riche, apporte de l'argent frais. Les affaires sont les affaires, elles ne sourient guère à Balzac. Harcelé par les créanciers, par les ouvriers impayés, il ferme l'imprimerie. La partie fonderie de l'entreprise est reprise par Alexandre de Berny, fils de sa maîtresse prodigue. L'affaire poursuivra son activité au XXe siècle sous le nom de Deberny et Peignot.

UN PRINCE DE LA BOHÈME.

Fuyant la rue des Marais-Saint-Germain assiégée par les créanciers, Honoré trouve par l'entremise de son beau-frère un petit pavillon à louer au fond d'un jardin, au n° 1 de la rue Cassini, à deux pas

1. 135 000 euros.
2. 67 500 euros.

de l'Observatoire. À cette époque l'endroit, peu fréquenté, semble le bout du monde.

À trente-six ans, Balzac, dans toute la force de l'âge, présente les signes d'une belle santé. Loin des pâleurs anémiques de la mode romantique, son sang tourangeau colore son visage et ses lèvres épaisses, son drôle de nez, carré du bout, se partage en deux lobes. Il tient beaucoup à la forme originale de son appendice nasal. Il exhorte David d'Angers[1] qui sculpte son buste : « Prenez garde à mon nez ; mon nez c'est un monde ! »

Théophile Gautier le décrit vêtu d'un froc de flanelle blanche retenu par une cordelière — le peintre Louis Boulanger[2] exécute son portrait dans cette tenue —, vêtement symbolique de la vie monacale du bénédictin littéraire. Sous une crinière épaisse et noire rejetée en arrière, ses yeux bleus et limpides, étincelants, ont un magnétisme étonnant. Il semble assez satisfait de ses belles mains blanches de prélat, aux doigts menus, ayant une sorte de prévention contre ceux dont les extrémités manquent de finesse.

Victor de Balabine, secrétaire de l'ambassade de Russie, lui délivrant son visa pour aller rejoindre Mme Hanska à Wierzchownia, en fait un portrait tout autre :

1. Pierre-Jean David d'Angers (1788-1856), sculpteur prolifique, il exécute en dix-huit ans : 40 statues, 75 bas-reliefs, 120 bustes, 500 portraits modelés dans des médaillons.

2. Louis Boulanger (1806-1867), peintre, on lui doit aussi les portraits de Hugo, Dumas père et fils.

> Un petit homme gras, figure de panetier, tournure de savetier, allure de bonnetier, mise de cabaretier.

Dans son pavillon de la rue Cassini, Balzac non seulement oublie ses dettes, mais se dote d'un mobilier somptueux : boiseries, tapis, pendule à piédestal, bibliothèque d'acajou, beaux livres reliés en maroquin rouge aux armes des Balzac[1]. « Il n'y a pas de luxe chez moi, écrit-il à sa sœur, mais il y a du goût qui met tout en harmonie. »

Pour être digne d'un tel logis, il commande au tailleur Buisson, 108, rue de Richelieu : un pantalon noir habillé, un gilet piqué blanc, une redingote bleue en drap fin de Louviers, un pantalon de coutil marengo... Pendant que d'autres se débattent pour lui éviter la banqueroute, il adopte une légèreté qui frise l'inconscience. Qui va payer Buisson ? Fournisseur exemplaire, le tailleur accepte des billets, spéculant sur l'avenir de son génial client.

Mme de Berny, héroïque, vient, à pied, le voir, depuis la rue d'Enfer-Saint-Michel, où elle a trouvé un logement. Son ange descendu du ciel, sage et tendre, l'a guidé, formé, il sait que sans elle son génie ne se serait peut-être jamais épanoui.

Fuyant les créanciers qui le harcèlent, il s'aménage, 13, rue des Batailles, à Chaillot, une retraite clandestine, un intérieur luxueux dont

1. Le père d'Honoré, Bernard-François Balssa, transforma son nom en Balzac et prit la particule en 1821.

l'éminent orfèvre Lecointe fournit non seulement l'argenterie, mais aussi deux cannes : l'une en coralline rouge, l'autre au pommeau incrusté de turquoises. Dans ce repaire somptueux, il donne des dîners fins. À l'issue de l'un d'eux, Rossini déclare qu'il n'a jamais rien vu, bu, ni mangé de mieux chez les souverains qu'il a fréquentés. Dans un superbe boudoir, un divan de cinquante pieds de tour en cachemire blanc est relevé par des bouffettes de soie noire et ponceau, disposées en losanges…

Dans la rue des Batailles — ouverte à l'emplacement de l'ancien chemin allant du Roule à Chaillot —, l'appartement n'est pas loué au nom de Balzac mais de Mme veuve Durand, personnage imaginaire. On ne peut y pénétrer sans donner le mot de passe : « La saison des pommes est arrivée. » Au-dessus d'un rez-de-chaussée et d'un premier étage inhabités, on entre dans deux pièces vétustes, à l'extrémité d'un couloir sinistre, le familier soulève alors une lourde portière et, ébloui, pénètre dans un palais oriental. Les murs sont matelassés, pour s'assurer le silence et, sans doute pour étouffer les gémissements de sa nouvelle conquête, une bien jolie Anglaise, rencontrée à son ambassade. Entre-temps, il travaille à un nouveau roman.

Dans son boudoir rose et blanc, il couvre de son écriture des rames de papier pour tenter de colmater les brèches de son budget, ce tonneau des Danaïdes. Il doit livrer au plus vite *Le Lys dans la vallée* et *Mémoires d'une jeune mariée*. Il doit se presser de produire. En une nuit, il écrit *La Messe de l'athée*, un chef-d'œuvre, et en trois jours, *L'Interdiction.*

Les gardes du commerce, chargés d'emprisonner les débiteurs, sont sur ses traces. La Garde nationale l'ayant repéré lui avait écrit, non sans humour :

> À Monsieur de Balzac, dit Madame veuve Durand,
> homme de lettres...

Il a trouvé refuge chez ses amis, le comte et la comtesse Guidoboni-Visconti, 52, avenue des Champs-Élysées où l'ordre a été donné au personnel de répondre que M. de Balzac ne réside pas là. Mais le secret d'Honoré est éventé. Un des gardes déguisé en employé des messageries se présente pour remettre à M. de Balzac un colis, ainsi qu'une somme de 6 000 francs[1]. Il n'en faut pas davantage pour attirer le romancier dans les rets du rusé représentant de l'ordre.

> Au nom de la loi, monsieur de Balzac, je vous arrête ; à moins que vous ne me remettiez, à l'instant, mille trois cent quatre-vingts francs[2], plus les frais. Il faut payer ou aller en prison.

La maison étant cernée il n'y a pas d'autre solution. Alors, la Contessa, bien que dans la gêne, s'exécute.

1. 13 500 euros.
2. 32 000 euros.

Après un entracte à Saché, Balzac a divers projets : devenir le châtelain de Wierzchownia en épousant la veuve de M. Hanski, dès que celui-ci cessera de vivre ; faire paraître l'édition de ses œuvres complètes ; écrire des comédies à succès ; exploiter en Sardaigne des montagnes de scories romaines qui n'attendent qu'un geste de lui pour faire tomber une pluie d'or. Pour la réalisation de ces projets, il lui faut une maison, assez éloignée de Paris pour être à l'abri des gardes du commerce, assez près pour pouvoir se rendre aux Italiens en moins d'une heure. Couvert de dettes, comment payera-t-il sa chaumière ? Seule compte la force de son désir. Il va faire une bien mauvaise affaire en achetant, sur la route de Versailles, au lieu-dit Les Jardies, une baraque de jardinier construite sur une colline de glaise, qu'il fait aménager à grands frais. Il prévoit d'y demeurer jusqu'à ce que sa fortune soit faite.

LES ILLUSIONS PERDUES.

Pour Balzac, la vie aux Jardies est devenue impossible. Ses principaux créanciers le persécutent jusque-là, les fournisseurs des environs : blanchisseur, boucher, jardinier s'impatientent. « Je crois que j'y finirai mes jours en paix », avait-il écrit à Mme Hanska. Pour l'heure, il vend les Jardies 17 000 francs[1], elles lui en avaient coûté 100 000[2].

1. 39 00 euros.
2. 228 000 euros.

En 1840, Mme Hanska doit, à nouveau, modifier son livre d'adresses ; désormais elle devra lui écrire :

Monsieur de Breugnol,
rue Basse, 19, à Passy, près de Paris.

Passy est alors un village champêtre, réputé pour ses sources thermales et pour la sucrerie du baron Delessert. Balzac, sous ce nom d'emprunt, et dans ce pavillon enfoui dans la verdure d'une colline escarpée, pense être insaisissable. De son appartement, un escalier descend jusqu'à la cour, dont une porte donne sur l'étroite rue du Roc[1]. Précaution salutaire : lorsque le créancier se présente à la porte de la rue Basse, il peut s'enfuir par la cour, gagner la rue du Roc et sauter dans la patache du Palais-Royal. Pas simple de rendre visite à Balzac ; après avoir sonné rue Basse, puis donné le mot de passe, on demande au concierge Mme de Breugnol. Contrairement à la veuve Durand imaginaire de la rue des Batailles, Mme de Breugnol existe — anoblie par Balzac, dont le goût pour la particule est héréditaire, Louise Breugniol (avec un i) est ariégeoise. De souche paysanne, elle est active, intelligente ; sa spécialité : la tenue des ménages d'écrivains célibataires. Après Mme de Berny, la duchesse d'Abrantès, la comtesse Guidoboni-Visconti, Balzac se contente de cette dame de quarante-

1. La rue Basse est l'actuelle rue Raynouard ; le 19 est devenu le 47. La rue du Roc est devenue la rue Berton.

quatre ans, à l'allure de sœur tourière. Ce terre-neuve comme la nomme Marceline Desbordes-Valmore, en la recommandant au romancier, est très efficace. Elle discute les contrats, court chez les imprimeurs, les éditeurs, dans les journaux, les revues, elle assure, en outre, un bien-être bourgeois et sensuel au maître. Les rapports avec Madame mère compliquent la vie quotidienne d'Honoré. Il lui écrit :

> Travailler, c'est me lever tous les soirs à minuit, écrire jusqu'à cinq heures de l'après-midi, dîner et recommencer le lendemain.

Il mène plusieurs romans à la fois, les abandonnant, les reprenant. De ce travail harassant vont sortir cinq volumes en quarante jours. Il écrit des livres à une cadence effarante ; en se privant de sommeil, l'ermite de Passy trouve le temps d'assister au retour des cendres de Napoléon, le 15 décembre 1840, de passer une soirée très gaie chez Delphine de Girardin en compagnie de Lamartine, Hugo, Théophile Gautier et Alphonse Karr, et d'assister, le 3 juin 1841, à la réception de Victor Hugo sous la Coupole.

LA FACE CACHÉE DE LA LUNE DE MIEL.

Le 5 janvier 1842, une lettre cachetée de noir annonce à Balzac le décès de M. Wenceslas Hanski. Si la nouvelle le comble de bonheur, la lettre de condoléances de Balzac à la veuve ne reflète que des sentiments d'une grande noblesse et d'une décence exemplaire. Ève Hanska, sans son protecteur de mari, sait qu'elle va avoir à affronter d'innombrables difficultés : un domaine difficile à gérer, une famille opposée à « l'envoi en possession des biens », un empereur très réservé sur la noblesse ukraino-polonaise prêt, à la moindre incartade, à la faire tomber en disgrâce. Ces informations n'incitent guère Balzac au voyage en Russie.

Le 21 février, le courrier tant attendu arrive. Ève Hanska lui écrit : vous êtes libre. Plus question de mariage, elle entend se consacrer à sa fille, motif cachant la désapprobation de sa famille pour un mariage avec cet écrivain bohème de France. Honoré ignore la complexité du monde slave, le pouvoir absolu du général gouverneur de Kiev, refusant de reconnaître la validité du testament, le bon vouloir du tsar, omnipotent dans ce genre d'affaire. Balzac est prêt à tout :

> Je deviendrai Russe, si vous n'y voyez pas d'obstacles, et j'irai demander au tsar la permission nécessaire à notre mariage.

Espérant qu'une décision interviendra, Balzac, épuisé par son labeur, tombe malade. Le médecin le met quatorze jours au lit. Couché, fiévreux, il imagine encore un avenir radieux. Lui qui avait dit : « Les plus grands événements de ma vie sont mes œuvres », ne semble plus consacrer son existence qu'à son mariage avec Ève Hanska. Ne voulant ni célébrité, ni notoriété, il veut forcer sa « fleur de lumière » à partager sa gloire et ses honneurs. Elle se contente de lui faire part de son accablement, de ses affaires si compliquées. Trois ans d'attente, c'est la mort... Mais non, réplique Balzac, je vous réponds de l'avenir.

Le lundi 16 mai 1843, Balzac a quarante-quatre ans. Il veut aller à Saint-Pétersbourg revoir son Ève. Il se tue au travail pour gagner l'argent de son voyage, il écrit à l'Étrangère :

> Oh ! combien je vais me reposer, faire la bête, ne penser à rien, devenir « cockney » de Saint-Pétersbourg pendant ces bienheureux mois de juin, juillet, août et septembre ! Quatre mois sans journaux, sans épreuves, excepté celles que vous me réservez.

Balzac arrive à Saint-Pétersbourg le 17 juillet 1843. Par convenance, il ne loge pas dans la maison qu'habite sa bien-aimée. Le séjour de l'illustre écrivain français éveille des curiosités. Toutes les amies d'Ève lui demandent de leur amener le grand homme. Lui ne demande ni subventions officielles, ni satisfaction de vanité, simplement le bonheur de voir Ève.

Son voyage de retour s'effectue via Berlin et Francfort. Mme Hanska vient le rejoindre au moment où l'on annonce des persécutions contre les catholiques de l'Ukraine. À Paris, Mme de Breugnol, Pénélope de la rue Basse, l'attend en travaillant à une tapisserie. Il reprend ses visites académiques, apprend que son ami Charles Nodier se meurt. À son chevet, il dit à Balzac :

« Eh ! mon ami, vous me demandez ma voix et je vous donne ma place. »

LA PHYSIOLOGIE DU MARIAGE.

Préoccupé par la recherche d'une maison à Paris digne de la châtelaine de Wierzchownia, Balzac travaille peu et mal. Il désire un bel hôtel entre cour et jardin. Il visite maison sur maison. Avec les 10 000 francs-or[1] que Mme Hanska lui confie pour son achat et pour la meubler, il se croit autorisé à faire fructifier ce pactole, en le consacrant à l'achat d'actions des Chemins de fer du Nord. Spéculateur dans l'âme, mais bien mauvais boursicoteur, il achète au cours le plus haut des actions dont la cote ne tarde pas à s'effondrer. Qu'importe, il achète un hôtel, 14, rue Fortunée[2], et persuade Ève qu'il vient de faire une merveilleuse affaire :

> Tu pourras y recevoir ta cousine la princesse de Ligne, elle n'en aura pas une si belle dans aucun château d'aucun Ligne ; c'est « hors ligne » vraiment.

Le 4 juillet 1848, Balzac assiste aux obsèques de Chateaubriand, et forme le projet de se présenter à l'Académie française pour occuper le fauteuil

1. 22 800 euros.

2. La rue Fortunée, aujourd'hui rue Balzac, portait le prénom de Mme Hamelin qui avait acquis les jardins Beaujon. Située entre l'avenue des Champs-Élysées et la rue Chateaubriand, l'hôtel des époux Balzac, détruit en 1890, s'élevait au n° 22 actuel.

du vicomte. Le 17 août, il fait lecture de sa pièce *Mercadet* — devenu *Le Faiseur* — aux Comédiens-Français. Lecture admirable, dit Gautier. Jules Claretie, présent, est ébloui par les dons de comédien de Balzac : « Jamais un homme ne me donna autant la sensation de ce qu'est cette irrésistible puissance : le génie. » La pièce est reçue à l'unanimité.

Il prépare son voyage en Ukraine pour aller chercher sa belle Étrangère et l'épouser. Il prend contact avec le curé de Saint-Philippe-du-Roule qui, compréhensif, lui donne le *demissiorium* permettant la bénédiction du mariage dans un diocèse de Pologne. L'ambassadeur de Russie lui remet son visa, en donnant au gouverneur de Kiev des instructions pour soumettre l'écrivain français à une surveillance stricte, et demande à être tenu informé. Honoré part le 19 septembre vers son « étoile polaire », tandis que Mme Balzac mère s'installe rue Fortunée, en charge de veiller sur le nid des tourtereaux en attendant leur retour. En janvier 1850, Balzac est à nouveau gravement souffrant ; il ne peut plus marcher, les deux médecins de Wierzchownia diagnostiquent une hypertrophie cardiaque ; son état ne rend pas possible son retour en France, il se sent trop malade pour voyager. Le mariage peut-il être envisagé ? Mais que fera Ève d'un mari gravement malade ? Physiquement, il ne sera plus un amant ; pratiquement, l'écrivain ne pourra sans doute plus écrire.

Enfin le mariage, béni dans l'église Sainte-Barbe de Berditchev, comble les vœux d'un Balzac épuisé.

Le voyage de retour à Paris des nouveaux mariés, via Cracovie et Dresde, est un cauchemar. L'arrivée rue Fortunée d'un Balzac à bout de souffle, presque aveugle, est tragique. Son médecin constate que la maladie a pris un développement fatal. Ève, calme, supporte fatigues et angoisses avec courage. Victor Hugo, Théophile Gautier, Auguste Vacquerie[1], Paul Meurice[2] rendent visite au malade. Au mois de juillet, l'un des consultants confie à Victor Hugo : « Balzac est perdu. »

Le 18 août à neuf heures du matin, il reçoit l'extrême-onction. Il meurt au cours de la nuit.

La vie du grand écrivain s'achevait comme dans un de ses nombreux romans. Le ministre de l'Intérieur Jules Baroche[3] assis près du catafalque dit à Victor Hugo :

« C'était un homme distingué.

— Non, dit Hugo, c'était un génie. »

1. Auguste Vacquerie (1819-1895), écrivain et journaliste, frère de Charles Vacquerie, époux de Léopoldine Hugo. Il accompagna Victor Hugo en exil à Jersey. Il publia des poèmes, des comédies et des drames.

2. Paul Meurice (1820-1905), écrivain, ami dévoué de Victor Hugo dont il fut l'exécuteur testamentaire. Rédacteur en chef de *L'Événement*. Il a laissé des pièces de théâtre de ton romantique.

3. Jules Baroche (1802-1870), avocat, député, sénateur, ministre.

Les clefs des maisons de Victor Hugo

LE PETIT VICTOR DE LA RUE DE CLICHY.

Tandis que Léopold Hugo, près du débonnaire roi de Naples, Joseph Bonaparte, se distingue en arrêtant Fra Diavolo[1], chef de la rébellion luttant contre l'occupation du royaume par les Français, la maman du petit Victor envoie son fils à l'école de la rue du Mont-Blanc à Paris. Moins grand que ses frères Abel et Eugène, fragile et sensible, on a pour lui des attentions particulières. Mlle Rose, la fille du maître d'école, l'accueille, avant la classe, dans sa chambre ; elle le prend près d'elle dans son lit. Il aime la regarder se lever, enfiler ses bas ; pour le garçonnet, c'est le déclic de ses premiers émois sexuels. Ces instants d'intimité, dès l'enfance la plus tendre, laisseront en lui des traces fétichistes profondes. Adulte, il ne cessera d'être ému par les jambes de femmes dans leurs four-

1. Fra Diavolo (Frère Diable). Michele Pezza, dit (1771-1806), brigand calabrais, il passe au service des Bourbons et des Anglais, contre les Français. Pris, à la suite d'une trahison, il est condamné à mort sous Joseph Bonaparte.

reaux noirs ou blancs, obsédé par leurs pieds déchaussés.

Ses souvenirs les plus lointains datent de cette époque. En 1807, alors âgé de cinq ans, il habite avec ses frères et sa mère, née Sophie Trébuchet, au 24 de la rue de Clichy.

Drôle de couple que celui formé par les parents de Victor : lui, le commandant, militaire au cou de taureau, hâbleur, bavard, joyeux et paillard, au tempérament ardent, très porté sur les femmes au corsage mieux garni que l'esprit. Victor a de qui tenir ; elle, jolie orpheline bretonne, puis fervente Vendéenne, indépendante et ferme, presque jolie avec son profil grec, effrayée par la sexualité de son époux, sollicite des vacances conjugales. Loisirs au cours desquels elle trompera son commandant de mari avec le général Victor Fanneau de Lahorie.

OH ! LES BEAUX JOURS.

Après un séjour avec leur père en Italie, les enfants retrouvent leur mère. Sophie Hugo habite, depuis le mois de février 1809, un vaste rez-de-chaussée de l'ancien couvent fondé par Anne d'Autriche au n° 12, de l'impasse des Feuillantines[1]. Le salon seigneurial donne sur un vaste jardin, un parc, un bois, une campagne,

1. On trouve au n° 10 de la rue des Feuillantines une ex-dépendance du couvent. En traversant l'immeuble de 1621, on descend quelques marches pour arriver dans son jardin, vestige de l'ancien couvent. Au n° 8, une plaque rappelle la présence de Victor Hugo dans ce lieu.

> une allée de marronniers pour y mettre une balançoire, un puisard à sec pour y jouer à la guerre [...], des fleurs autant qu'on en pouvait rêver [...], une forêt vierge d'enfant[1].

Par-dessus les murs, ils aperçoivent le Val-de-Grâce.

Victor va dans une petite école de la rue Saint-Jacques, tenue par un oratorien défroqué pendant la Révolution : il avait mieux aimé donner sa main que sa tête. Lorsqu'il veut apprendre à lire au garçonnet, il s'aperçoit que celui-ci a appris seul. Le prêtre étant féru de Tacite et d'Homère, on passe directement au latin et au grec. Victor aime les formes compactes du latin, traduit l'*Epitome*, le *De viris illustribus*, Virgile.

Les Feuillantines, c'est le jardin dans lequel il apprend les mystères de la nature, les floraisons, mais aussi la cruauté de ses espèces prédatrices. Au fond de l'enclos, une vieille chapelle en ruine disparaît sous les herbes folles. Mme Hugo interdit à ses fils de s'en approcher ; elle y cache son amant, le général Victor Fanneau de Lahorie, chef d'état-major du général Victor Moreau, recherché par la police impériale après l'échec de la conspiration, il sera fusillé le 28 octobre 1812.

Au cours d'un voyage en Espagne, Sophie Hugo envoie Victor au collège des Nobles de Madrid, où il surprend ses maîtres par sa connais-

1. *Victor Hugo raconté par un témoin de sa vie* (Mme Victor Hugo), tome I. Librairie internationale, A. Lacroix Verbœckhoven & Cie, 1863, 2 volumes.

sance du latin. Il gardera longtemps en mémoire ce sombre bâtiment.

De retour en France, il rapporte d'autres souvenirs aristocratiques et éclatants. Depuis que Lahorie lui a inculqué le précepte : la liberté avant tout, il reconnaît légitime l'aspiration du peuple espagnol à vouloir refouler les envahisseurs français. Il admire l'Espagne, sa grandeur et son extravagance, son instinct cruel et violent. Victor Hugo, adolescent, sera hanté par des rêves d'or et de sang, par ces mots sonores et les passions déchaînées, par les ombres incertaines qui s'incarneront bientôt en Hernani, Don Salluste, et Ruy Gomez de Silva.

C'est pour lui un bonheur sans mélange de retrouver à Paris les Feuillantines, de refaire du latin avec le prêtre défroqué retrouvé. Victor écrit des cahiers entiers de vers, tâtonne pour trouver la mesure, la rime, la césure.

Hormis son chagrin, l'éxécution de Lahorie, le seul homme qu'elle aima, prive brutalement Sophie Hugo d'une aide financière qui jusqu'alors lui permettait de pallier les intermittences du paiement de la pension de son mari. Contrainte de quitter les Feuillantines — le jardin est exproprié par la Ville de Paris pour le prolongement de la rue d'Ulm —, elle s'installe 2, rue des Vieilles-Thuilleries — aujourd'hui rue du Cherche-Midi —, près de l'hôtel de Toulouse, habité par les Foucher[1], ces fidèles amis dont les enfants étaient des

1. Pierre Foucher, greffier du tribunal, ami des Trébuchet, royaliste, il s'oppose au commandant Hugo, républicain.

compagnons de jeu de Victor. Rêveur et romanesque, Victor regarde maintenant Adèle Foucher avec des yeux d'adolescent. La petite fille est devenue une jeune fille. Ils cessent de jouer pour se promener main dans la main, sous les frondaisons du jardin de l'hôtel de Toulouse.

Le général Hugo reçoit le commandement de la place de Thionville en janvier 1814. Il la défend bravement jusqu'à l'abdication de l'Empereur, puis il écrit au roi en l'assurant de son dévouement, se disant qu'un soldat doit être fidèle à sa patrie quel que soit son gouvernement. Un sentiment patriotique et commode pour conserver sa position. Alors que Mme Hugo part pour Thionville, avec son fils Abel, pour réclamer sa pension, Victor et son frère Eugène passent le plus clair de leur temps chez les Foucher.

ADIEU AUX JARDINS DE L'ENFANCE.

Sous l'influence de sa maîtresse, la fille Thomas, le général Hugo veut divorcer d'avec celle qu'il nomme désormais Mme Trébuchet. Usant de sa puissance paternelle, il met ses fils en pension, dans un établissement dirigé par Cordier et Decotte, rue Sainte-Marguerite, ruelle étroite et sombre, entre la prison (voisine de Saint-Germain-des-Prés) et le passage du Dragon, dont il ne reste rien aujourd'hui.

Autre prêtre défroqué, Cordier, âgé, égrotant, vêtu d'une houppelande et d'un bonnet, par dévotion à Jean-Jacques Rousseau, a la manie singulière de frapper la tête de ses élèves avec sa tabatière métallique. Decotte, lui, ne cesse de distribuer des pensums et force les tiroirs de ses pensionnaires. Victor et son frère Eugène bénéficient d'une chambre à part. Ce privilège leur octroie un prestige particulier auprès de leurs camarades. Ils organisent des représentations théâtrales et, bien que, comme leur mère, ils haïssent la Révolution et Buonaparte, Victor, auteur des pièces, joue le rôle de Napoléon, entouré de ses généraux constellés de décorations en papier doré. Leur père voulant en faire des ingénieurs, il enjoint Cordier et Decotte de les préparer au concours d'entrée de l'École polytechnique. Pour l'heure, les fils Hugo se passionnent bien davantage pour la poésie, traduisent Virgile et Lucrèce, écrivent épigrammes et tragédies, au point que le sombre Decotte taquinant, lui aussi, la muse jalouse ses élèves.

Les deux garçons ont un jeune maître d'études, amoureux de Mlle Rose, la lingère de la pension. Pour elle, il compose odes et élégies, l'emmène en promenade, en compagnie de Victor et Eugène, ses deux élèves favoris. En montant au sommet des tours de Notre-Dame, Victor n'omet point de se placer en dernier pour lorgner les jambes de la lingère. L'adolescent, d'un tempérament voluptueux, pénétré par les poètes latins Horace et Martial de poésie érotique, ne se lassera jamais, l'âge venu, d'aimer surprendre une épaule dénudée, un sein dévoilé, une jambe découverte. Étudiant pauvre, il guettera de la lucarne de sa mansarde l'instant où les servantes se déshabillent. Il sera ainsi, sa vie durant, un guetteur à l'affût d'une proie. Une jeunesse trop chaste fait un « voyeur » impénitent (Jean-Bertrand Barrère)[1].

Au mois d'août 1817, les deux frères Hugo quittent la pension Cordier et Decotte pour venir habiter chez leur mère. C'est dans un petit appartement du 18, rue des Petits-Augustins — aujourd'hui rue Bonaparte — que Sophie Trébuchet s'est installée. La pension servie par son ex-mari, général en demi-solde, ne lui permet pas d'habiter une maison avec jardin. Les fenêtres donnent sur une cour dans laquelle les révolutionnaires ont entassé les tombeaux des rois de France arrachés de la basilique de Saint-Denis. Les deux garçons, attablés à un guéridon, écrivent toute la journée.

Victor a seize ans. Il compose *Mes adieux à l'enfance*, et obstinément aspire à la renommée littéraire ; le 10 juillet 1816, il note dans son journal : « Je veux être Chateaubriand ou rien. »

L'ENFANT SUBLIME.

Pendant deux années, Eugène et Victor prennent leurs inscriptions à la faculté de droit mais n'y mettent jamais les pieds. Mme Hugo, ayant une confiance totale dans le génie de ses enfants, ne les

1. Jean-Bertrand Barrère, *La Fantaisie chez Victor Hugo*, José Corti éditeur, Paris, 1949.

contraint pas à se rendre aux cours. Elle ne désire pour eux ni une carrière d'avocat ni de fonctionnaire, mais celle de grand écrivain.

En 1820, à dix-huit ans, Victor est déjà sur le chemin de la gloire. Il a obtenu une mention de l'Académie française ; créé avec ses frères *Le Conservateur littéraire*, pendant du journal *Le Conservateur*, de Chateaubriand. Il fournit la quasi-totalité de la copie du journal, signée de onze pseudonymes ; s'honore de l'amitié d'Alfred de Vigny, et s'enorgueillit d'avoir fait pleurer Louis XVIII avec son *Ode sur la mort du duc de Berry*, pour laquelle le roi lui octroie, sur sa cassette, une gratification de 500 francs[1].

Dans *Le Drapeau blanc*, le député Agier publie un article sur l'*Ode* et rapporte un mot de Chateaubriand à propos de Victor Hugo : « enfant sublime ». Ce dernier, qui rêve de rencontrer l'auteur d'*Atala*, demande à Agier de le conduire chez le poète. Ils se rendent au 27 de la rue Saint-Dominique où, devant Mme de Chateaubriand, impassible et muette, le grand homme — par le génie mais point par la taille — prend la pose, adossé à la cheminée. Il redresse son petit corps voûté, sanglé dans une redingote noire, et le complimente. Mais Chateaubriand, dans son attitude comme dans l'inflexion de sa voix, a une façon si souveraine de distribuer des satisfecit que Victor, déconcerté, ne peut que balbutier quelques mots avant de se retirer. À la demande de sa mère, il

1. 1 200 euros.

retournera rue Saint-Dominique, en éprouvant pour l'écrivain, dira-t-il, plus de respect que de sympathie. Ces visites ne sont guère plus enivrantes, à part l'une d'elles où Victor assiste au petit lever du vicomte. Ce jour-là, Chateaubriand s'exhibe nu, se fait doucher et masser devant son jeune disciple stupéfait.

LES TRIBULATIONS DU JEUNE VICTOR HUGO.

Ne pouvant se résigner à vivre sans jardin, Mme Hugo déménage en janvier 1821 pour un nouveau logis situé au 10, rue de Mézières. Pour son emménagement dans ce rez-de-chaussée, à deux pas de la place Saint-Sulpice, ses fils se convertissent, pour la circonstance, en menuisiers, peintres, tapissiers, jardiniers. Elle-même s'active et se dépense sans compter pour agrémenter sa nouvelle demeure. Dans l'agitation de son installation, elle prend froid. Victime d'une fluxion de poitrine elle succombe quelques mois plus tard dans les bras de ses fils, le 27 juin. Elle est inhumée au cimetière de Vaugirard, situé au 320, rue Lecourbe.

Pour le distraire de son chagrin, l'abbé-duc de Rohan invite Victor pour un séjour de quelques semaines dans son château de La Roche-Guyon. De retour à Paris, il lui faut abandonner la rue de Mézières, au loyer trop élevé, pour un grenier au 30 de la rue du Dragon, qu'il partage avec son cousin Adolphe Trébuchet. Leur mansarde se divise en deux parties : l'une fait fonction de salon, l'autre, un boyau sombre, celle de chambre à coucher, deux lits y laissent peu de place pour caser une petite armoire. C'est bien suffisant pour ranger les trois chemises de Victor. Pauvre, il garde cependant un détachement empreint d'une grande dignité. Sa misère serait supportable si ses amours n'étaient sans cesse contrariées. Jaloux, Victor accable la pauvre Adèle Foucher de reproches, suivis de discours édifiants d'un rigorisme extrême.

Les 1 200 francs[1] de pension annuelle accordée par le roi, plus une somme identique promise par le ministère de l'Intérieur, permettent d'envisager le mariage. Victor charge alors son père de demander la main de leur fille aux parents d'Adèle. Après les tractations d'usage concernant la corbeille de mariage, l'union est bénie à Saint-Sulpice le 12 octobre 1822, par l'abbé-duc de Rohan. S'achèvent enfin pour Victor les années d'angoisse et de folle passion.

Pour compenser les libertinages païens de l'Empire, Émile Deschamps[2] propose à quelques poètes de fonder une revue, *La Muse française*, dans la tradition académique la plus dure. Elle a pour objet de révérer la religion chrétienne à la Chateaubriand, de militer en faveur de l'amour platonique et chevaleresque, en politique enfin, de se conformer au monarchisme selon la Charte. Chaque membre fondateur de la revue

1. 2 800 euros.

2. Émile Deschamps de Saint-Amand (1791-1871), l'un des premiers adeptes du romantisme, puis traducteur de *Macbeth* et de *Roméo et Juliette*.

est prié de verser 1 000 francs[1] statutaires ; c'est bien trop pour le ménage Hugo. Lamartine, désirant se tenir loin du petit monde des lettres, se récuse mais propose de régler la part de Victor. Offensé, celui-ci refuse. Ses articles, ses poèmes, son autorité compenseront largement le versement de ses contributions. Ils assureront un prestige considérable à la revue. On se réunit au Cénacle de l'Arsenal, autour de Charles Nodier, récent administrateur de la bibliothèque, le soir de huit à dix heures, on discute littérature et poésie, ensuite Mme Nodier se met au piano. On aligne alors les chaises le long des murs pour faire place aux danseurs. Vigny valse avec Delphine Gay[2], Adèle Hugo danse à son tour sous le regard jaloux de son mari, tandis que Nodier, joueur impénitent, s'assied à la table de l'écarté. Bien que confrères, ces messieurs sont de bons amis se prodiguant des louanges ; leur admiration mutuelle constitue le garant de l'harmonie du Cénacle.

Le 6 juin 1824, la destitution de Chateaubriand, ministre des Affaires étrangères, porte un coup fatal à *La Muse*, dont il était le protecteur. Le Cénacle se saborde le 15 juin suivant.

1. 2 300 euros.

2. Delphine Gay, fille de Sophie Gay (1804-1855), femme de lettres. Delphine épousera le publiciste et homme politique Émile de Girardin.

UNE MOISSON DE LAURIERS.

La publication des *Nouvelles Odes* par l'éditeur et libraire Charles Ladvocat — dont la librairie sise dans la galerie de bois du Palais-Royal est alors très en vogue — assure à Victor 2 000 francs par an pendant deux années. Avec les deux pensions royales, il est désormais à l'abri du besoin. Il abandonne la rue du Cherche-Midi où les Foucher abritaient le jeune couple après son mariage, loue un petit appartement à l'entresol du 90, rue de Vaugirard. C'est dans cette nouvelle demeure que naîtra, le 28 août 1824, leur fille Léopoldine.

Leur logis de la rue de Vaugirard devient, pour la nouvelle génération d'écrivains, un lieu de ralliement. Le jeune Sainte-Beuve et les nombreux disciples de Victor admirent ce ménage exemplaire où, dans son intérieur modeste, la belle Adèle fait régner une ambiance calme, propice au travail. Le travail, Victor Hugo s'y adonne passionnément avec une ardeur peu commune. Il publie : *Odes et ballades, Les Orientales, Poésies diverses,* et met en chantier ses drames : *Cromwell* et *Hernani.*

À la naissance de Charles, leur deuxième enfant, la famille Hugo se trouve trop à l'étroit dans l'entresol de la rue de Vaugirard. Une maison au fond d'un jardin ombragé est à louer 11, rue Notre-Dame-des-Champs ; les Hugo s'y installent. Lieu romantique orné d'une pièce d'eau qu'enjambe un pont rustique, il communique avec le Luxembourg auquel on accède par une porte au fond du jardin. Quant à l'entrée principale, proche des barrières de Montparnasse, du Maine et de Vaugirard, elle autorise des promenades à travers la campagne où des moulins à vent dominent des champs de luzerne et de sainfoin. Le timide Sainte-Beuve, ancien voisin de la rue de Vaugirard, ne peut plus se passer du couple Hugo. Aussi vient-il s'installer, avec sa mère, au 19, grande-rue de Vaugirard, un lieu où se retrouvent demi-solde et grisettes sous les tonnelles des guinguettes.

Victor Hugo est maintenant le maître incontesté des lettres, à un point tel que, dans son *Art romantique*, l'auteur des *Fleurs du mal* ira jusqu'à s'auto-sanctionner : « Victor Hugo représente dix Baudelaire. »

Loué de toute part, le poète accède enfin à la gloire tant convoitée, tandis que classiques et romantiques ont remisé leurs armes après la bataille d'*Hernani*.

Apeuré par le défilé incessant de jeunes débraillés hirsutes, anciens combattants des affrontements d'*Hernani*, le propriétaire de la rue des Petits-Champs donne congé aux Hugo. En attendant mieux, ils louent le second étage de l'hôtel du comte de Mortemart, immeuble neuf et unique édifice de la nouvelle rue Jean-Goujon. Ainsi, après la barrière de Vaugirard, M. et Mme Hugo s'offrent les Champs-Élysées. Adèle attend son cinquième enfant et Victor n'est pas fâché de prendre ses distances, en éloignant son épouse des empressements assidus de Sainte-Beuve.

LA JUJU DE TOTO.

Paris, révolté contre les ordonnances de Polignac jugulant la liberté de la presse, se soulève. Le 27 juillet 1830, les premières barricades se mettent en place, cependant qu'Adèle donne naissance à sa fille, une autre Adèle. Aux Champs-Élysées, les maraîchers abandonnent leurs jardinets à la troupe. Le drapeau tricolore hissé sur les Tuileries n'annonce pas encore la République, mais en attendant, convertit le roi de France en roi des Français.

Hugo ne quitte plus sa table de travail depuis que l'éditeur et libraire Charles Gosselin exige la livraison de *Notre-Dame de Paris* avant le mois de février 1831, alors que, pendant ce temps, la solitude d'Adèle attise la passion de Sainte-Beuve, et le rend aussi plus téméraire.

Au mois d'octobre 1832, les Hugo déménagent une fois de plus. Ils louent un vaste appartement situé au deuxième étage de l'hôtel de Guéménée, 6, place Royale (place des Vosges)[1]. La maison, construite au début du XVIIe siècle, a fort belle allure avec sa façade de briques roses et son toit d'ardoises. Hugo s'empresse de planter le décor : murs tapissés de damas rouge, lustres de Venise, tableaux de ses peintres favoris, meubles pseudo-gothiques. Au cours de l'été 1832, les Hugo invitent amis et ennemis — ce sont souvent les mêmes — pour des soirées bien plus brillantes, que celles un peu province du Cercle de l'Arsenal.

1. Désormais musée Victor-Hugo.

Le loyer de 1 500 francs est lourd, Victor doit subvenir aux neuf personnes à sa charge. Aussi le buffet des réceptions est-il frugal, au point d'autoriser les familiers à avertir les nouveaux arrivants d'avoir la sagesse de laisser leur estomac dans l'antichambre.

Mais depuis qu'Adèle se refuse à lui, le comportement de Victor déborde du plus charnel amour pour Juliette Drouet, une comédienne de vingt-six ans, rencontrée au cours d'une lecture de sa pièce, *Le Souper à Ferrare*, destinée au théâtre de la Porte-Saint-Martin. Pour plus de commodité, il installe sa maîtresse à deux pas de la place Royale, 14, rue Saint-Anastase. L'amour de Juliette pour celui qu'elle nomme son Toto est total et exclusif, ce qui ne facilitera guère la vie conjugale du poète.

À sa cinquième candidature, Hugo est élu à l'Académie française. Juliette n'avait pas approuvé qu'il s'y présente une fois encore.

> Je voudrais qu'il n'y ait ni Académie, ni théâtre, ni librairie — écrit-elle —, je voudrais qu'il n'y ait de par le monde que des grandes routes, des diligences, des auberges, une Juju et un Toto s'adorant.

LES TEMPS DIFFICILES.

Le roi Louis-Philippe garde le sourire devant l'agitation stérile des libéraux et des républicains. De leur côté, légitimistes et bonapartistes s'agitent aussi. En février 1848, on parle de révolution. Le roi dit à Jérôme Napoléon : « Mon prince, je ne crains rien », puis, après un silence : « Je suis nécessaire. » Quant à Victor Hugo, il observe ces turbulences en artiste détaché des contingences politiques. Hugo n'adhérant pas à la campagne réformiste que mène Lamartine, le roi, fort aimable avec lui, le voit en champion de la monarchie. Le 23 février, en allant à la Chambre, il rencontre des hommes vociférant : « Vive la ligne ! À bas Guizot ! » en face de soldats plutôt goguenards. Mais quand l'observateur de *Choses vues* se rend place de la Concorde pour se mêler à la foule, le spectacle est tout autre. Ici, la troupe tire sur les manifestants. Dans la soirée, boulevard des Capucines, la fusillade meurtrière change, cette fois, le soulèvement en révolution.

Le 24, Victor Hugo annonce à la foule massée sous son balcon l'abdication du roi et la transition du pouvoir en régence. Le peuple ne l'entend pas ainsi et, le 25, la République est proclamée.

Commence alors la carrière politique de Victor Hugo dont les aléas vont le conduire à l'exil. Au cours de la révolution de 1848, il a tenté d'être le poète guide du peuple, mais son inaptitude à la vie parlementaire et aux intrigues des partis l'amène à abandonner les affaires publiques. Il a grand besoin de retrouver la paix intérieure à laquelle il aspire. Opposé au nouveau régime, Hugo part, laissant sa famille et ses biens — son mobilier est vendu aux enchères. Il se rend d'abord en Belgique, puis à Jersey, enfin Guernesey où, dans la maison d'Hauteville House, il fait venir les siens. C'est là qu'il écrit : *Les Contemplations* (1856), *La Légende des siècles* (à partir de 1859), *Les Misérables* (1862), *Les Travailleurs de la mer* (1866).

LE RETOUR DU POÈTE PRODIGUE.

« Quand la liberté rentrera en France, je rentrerai. » Voici donc Hugo de retour d'exil, le 5 septembre 1870. La foule l'attend et l'ovationne : « Voilà dix-neuf ans que j'attends ce moment-là. Vous me payez en une heure vingt ans d'exil. » Il va habiter un petit appartement, 13, rue Saint-Maur que Charles a loué pour toute la famille.

Le siège de Paris, la Commune, la mort de ses fils Charles et François-Victor, l'internement d'Adèle, rien ne lui sera épargné, mais rien ne tarira son besoin d'écrire irrésistible.

Le 29 avril 1874, il s'installe avec sa famille dans deux appartements au 21, rue de Clichy. Après des voyages à Guernesey, où Juliette Drouet l'avait rejoint, un ami lui trouve un petit hôtel au 130, avenue d'Eylau. Juliette, toujours attentive, viendra habiter près de son infidèle et incorrigible Toto.

Ses quatre-vingts ans sont célébrés comme une fête nationale. Le peuple de Paris l'acclame sous ses fenêtres. Un cortège de six cent mille admirateurs défile, les hommages s'accompagnent de gerbes de fleurs, de bouquets, de cadeaux. Grandiose apothéose pour ce défenseur de la démocratie libérale et humaniste.

En 1881, Paris donne à l'avenue d'Eylau le nom de son célèbre riverain. Ses amis libelleront désormais leurs lettres :

À Monsieur Victor Hugo
en son avenue, à Paris.

L'éducation parisienne de Flaubert

PAR LES BOULEVARDS ET PAR LES RUES.

Gustave Flaubert, avec son habituel souci de perfection, tire de ses notes (Mœurs parisiennes) *L'Éducation sentimentale.* Il en rédige trois versions, inspirées de sa passion pour la belle Elisa, future épouse de Maurice Schlésinger, l'éditeur de musique en renom, entrevue sur la plage de Trouville en 1836, alors qu'il n'était qu'un lycéen de quatorze ans.

Entre 1866 et 1869, Flaubert effectue de nombreux séjours à Paris, pour s'imprégner de l'atmosphère dans laquelle évoluera Frédéric Moreau, le héros de *L'Éducation sentimentale.* De son appartement, 42, boulevard du Temple, il va flânant dans les rues, accomplissant les périples nombreux qu'il fera parcourir à Frédéric le soupirant de Mme Arnoux, paravent littéraire derrière lequel il cache Elisa, objet de ses vœux les plus chers.

Frédéric Moreau manque d'audace. Son sentiment d'infériorité sociale, son absence de fortune, et l'omniprésence de l'encombrant Jacques

Arnoux, mari versatile, le décideront, la mort dans l'âme, à s'éloigner de Paris. Il part pour Nogent-sur-Seine[1] où sa mère le presse, depuis quelque temps, de venir la retrouver. Ayant déniché un parti avantageux pour lui, elle aspire à le voir établir son foyer dans la petite ville de l'Aube. Frédéric se soumet. Il s'ennuie, supporte mal la vie étroite et mesquine de province. Mme Moreau, en lui avouant qu'elle est à peu près ruinée par des investissements hasardeux, compromet les rêves de Frédéric de rentrer à Paris en conquérant.

Alors qu'il est au comble du désespoir, un notaire du Havre l'informe que son oncle Barthélemy, décédé récemment, lui a légué une rente (coquette) de 27 000 livres[2].

Revigoré, pénétré de la protection de sa bonne étoile, Frédéric est prêt à conquérir Paris et le cœur de la belle Marie Arnoux. Son impatience de retrouver la grande ville, les pensées confuses qui l'assaillent dans la diligence l'emportant vers Paris, sont peut-être inspirées par les sentiments éprouvés par Flaubert, lui-même, arrivant de Croisset :

> La Seine jaunâtre touchait presque au tablier des ponts. Une fraîcheur s'en exhalait. Frédéric l'aspira de toutes ses forces savourant ce bon air de Paris qui semble contenir des effluves amoureux et des émanations intellectuelles ; il eut un attendrissement en apercevant le premier fiacre. — Après le

1. Flaubert, ayant de la famille à Nogent-sur-Seine, se rendait souvent dans cette petite ville.
2. Environ 14 000 euros.

quai Saint-Bernard, le quai de la Tournelle, et le quai de Montebello, on prit le quai Napoléon (l'actuel quai aux Fleurs) ; il voulut voir ses fenêtres, elles étaient loin. Puis on repassa la Seine sur le Pont-Neuf, on descendit jusqu'au Louvre ; et, par les rues Saint-Honoré, Croix-des-Petits-Champs et du Bouloi, on atteignit la rue Coq-Héron, et l'on entra dans la cour de l'hôtel.

De sa chambre de la rue Hyacinte[1], Frédéric, tout fringant, se rend boulevard Montmartre au siège de *L'Art industriel*, sorte de galerie où le mari de Mme Arnoux tient commerce d'estampes, de tableaux, de bibelots. C'est aussi le siège social de son journal d'art :

Il souriait à l'idée de revoir, tout à l'heure, le nom chéri ; il leva les yeux. Plus de vitrine, plus de tableaux, rien !

Alors Frédéric se lance dans une course folle à travers Paris, d'abord rue de Choiseul, au domicile des Arnoux. Ils n'y habitent plus, le remplaçant de la concierge ignore leur nouvelle adresse :

Frédéric entra dans un restaurant et, tout en déjeunant, consulta l'*Almanach du Commerce*. Il y a trois cents Arnoux mais pas de Jacques Arnoux ! Où donc logeaient-ils ? Pellerin devait le savoir.

Il court boulevard Poissonnière à l'atelier de son ami, il n'y est point ; rue de Fleurus, chez la

1. La rue Saint-Hyacinte, aujourd'hui rue Paillet, est située entre la rue Malebranche et la rue Soufflot. Flaubert y habita une chambre en 1846.

maîtresse de son camarade Hussonet, mais il s'aperçoit qu'il ignore le nom de la demoiselle ; à la préfecture de police, où le bureau des renseignements est fermé jusqu'au lendemain. Dans une galerie d'art, il apprend que le sieur Arnoux a abandonné le commerce de tableaux. Harassé, il retourne chez lui, mais à peine est-il au lit, qu'il pense à une nouvelle piste. Il se lève, court rue Notre-Dame-des-Victoires dans un café où Regimbart, autre ami, a ses habitudes ; ce dernier vient d'en partir. Il se précipite place Gaillon dans le restaurant où le jeune homme déjeune chaque jour. Il attend plusieurs heures, puis le gargotier finit par avouer qu'il a confondu le patronyme de Regimbart avec un autre nom. Alors revient à l'esprit de Frédéric le nom des cafés qu'il avait entendu prononcer :

> comme les mille pièces d'un feu d'artifice : café Gascard, café Grimbert, café Halbout, estaminet Bordelais, Bœuf-à-la-Mode, brasserie Allemande, Mère Morel ; et il se transporta dans tous successivement.

LES TRIBULATIONS AMOUREUSES DU JEUNE FRÉDÉRIC.

Un soir, alors que la nuit tombe, Frédéric court dans Paris. Comment sauver Arnoux de la ruine pour l'empêcher de s'esquiver avec sa femme ? Comment se dépêtrer de la jeune lorette, Rosanette, sa maîtresse ? Comment reprendre sa parole à Mme Dambreuse, la veuve aristocrate, dès lors que son héritage lui échappe ? Il tente de faire face à cette situation inextricable et vaudevillesque. Sa stratégie est lamentable, allant de l'une à l'autre et, de promesses en mensonges, il ruine la confiance de Marie Arnoux ; l'espoir de la conquérir un jour s'évanouit. Il capitule et fuit Paris.

> Il voyagea.
>
> Il connut la mélancolie des paquebots, les froids réveils sous la tente, l'étourdissement des paysages et des ruines, l'amertume des sympathies interrompues.
>
> Il revint.

Vers la fin de l'année 1867, Marie Arnoux, de retour à Paris, se rend chez Frédéric. Ils sont maintenant libres tous les deux. Leurs vœux vont-ils enfin connaître une fin heureuse ? Mais le temps a fait son œuvre : flétris leurs visages, éteinte leur passion. Frédéric et Marie ne peuvent que constater la ruine de leurs amours défuntes.

UN PARISIEN D'OCCASION.

Laissons aux exégètes de l'œuvre de Flaubert la tâche de décortiquer la part autobiographique de *L'Éducation sentimentale*. Le livre ne se résume pas seulement au récit de l'amour contrarié de Frédéric Moreau pour Marie Arnoux, ni de ses fredaines clandestines. Le roman parisien de Flaubert, peinture minutieuse d'un Paris louis-philippard, est aussi, précise-t-il, le livre des hommes de sa génération. En portant un jugement implacable sur la société de son temps, Flaubert livre un témoignage sur la vie et les mœurs de la capitale, alors que se déroulent dans les rues les journées insurrectionnelles qui mettront fin à la monarchie de juillet.

En 1869, son œuvre achevée, Flaubert quitte le boulevard du Temple pour emménager au 4, rue Murillo, dans la plaine Monceau. Parisien d'occasion, il visite assidûment ses amis Edmond et Jules de Goncourt, 43, rue Saint-Georges ; s'accorde quelques mondanités dans l'hôtel de la princesse Mathilde, 24, rue de Courcelles ; batifole chez Apollonie Sabatier (la Présidente), 4, rue Frochot ; fréquente, 21, rue de Sèvres, le salon de la belle Louise Colet, muse des romantiques, sa maîtresse ; discute, critique, conteste de sa voix tonitruante, lors des agapes bimensuelles du restaurant Magny, 3, rue Contrescarpe-Dauphine (aujourd'hui rue Mazet), avec Théophile Gautier, Ivan Tourgueniev, Ernest Renan, Sainte-Beuve, George Sand, Gavarni, Marcelin Berthelot, et d'autres.

Le séjour parisien de Flaubert s'achève ; il regagne la Normandie. Là-bas, loin des intrigues et des rumeurs de la ville, claquemuré dans sa thébaïde de Croisset, il se remet au travail, résigné à ne disposer, désormais, pour tout interlocuteur, que de l'écho de son « gueuloir ».

Alphonse Daudet,
un charmant Nîmois à Paris

À LA RECHERCHE DE LA GLOIRE LITTÉRAIRE.

Ce 1er novembre 1857, il fait un froid glacial à Paris lorsque le jeune Alphonse — seizième enfant de la nichée Daudet — descend du train venant de Nîmes à la gare de Lyon. Ernest, son frère aîné, l'accueille à bras ouverts, puis tous deux arriment sa vieille malle sur le toit de la carriole qui les emporte dans Paris. Il est tôt. La ville s'ébroue aux premières lueurs du jour, tandis que les becs de gaz s'éteignent l'un après l'autre. Le petit Provençal, frissonnant de froid dans son costume d'été, étourdi par ce Paris mystérieux, domine non sans peine sa frayeur, grâce à la présence rassurante de ce grand frère. Journaliste au *Spectateur*, aguerri à la vie parisienne, Ernest lui fait découvrir en passant : Notre-Dame, dans son île qu'enlacent les bras de la Seine ; la flèche de la Sainte-Chapelle émergeant des toits ; les quais où les mariniers s'activent au chargement des péniches. La vue de ce spectacle estompe un peu la fatigue de deux jours harassants passés en chemin de fer ; elle éloigne, un moment, les affres du pauvre pion torturé au collège d'Alès par des élèves indisciplinés et cruels.

Il n'a que quarante sous en poche, mais sa douce insouciance, sa confiance inébranlable dans sa vocation de poète lui épargnent aujourd'hui l'anxiété du lendemain. Certes, son *Apologie d'Homère* avait émerveillé Ernest et impressionné son professeur de lycée, mais conquérir la gloire littéraire à Paris est une autre affaire, aléatoire, improbable, une entreprise où l'intervention du hasard et de la chance sera guidée par le destin.

Pour l'heure, ils sont en route vers le Grand Hôtel du Sénat, au 7 de la rue de Tournon, un établissement fréquenté par les étudiants et les bohèmes du quartier. Les deux frères vont y partager une chambre mansardée, Ernest part travailler chaque jour à son journal, alors qu'Alphonse va mener la vie d'artiste, taquinant la muse au coin du feu.

À la fin de sa vie, Alphonse Daudet écrit dans ses souvenirs que la littérature était le but unique de sa vie, et qu'il ne connaît personne ayant entamé une carrière dans un dénuement aussi absolu que le sien.

En déjeunant à la table d'hôte, les frères Daudet font la connaissance d'un pensionnaire de l'hôtel, un garçon petit, borgne et rondouillard, volubile et tonitruant. Il occupe la chambre voisine de leur gîte nouveau : une pièce plus vaste située à l'étage supérieur de l'hôtel. Joignant le geste à la parole, le garçon harangue ses voisins, ponctue son discours de violents coups de poing sur la table, improvise dans sa chambre, souvent tard dans la soirée, des plaidoiries lyriques dont les éclats contrarient le repos des deux frères. Avocaillon, issu d'une famille d'origine génoise, installée dans le Lot, il achève à Paris ses études de droit. Le bouillant Léon Gambetta (c'est son nom) exerce également son talent au Voltaire, le grand café de la place de l'Odéon. Poètes, peintres de l'école symboliste se réunissent autour de Mallarmé, dans cette antichambre du *Mercure de France*. Rochefort, Barbey d'Aurevilly et Vallès s'attablent aussi au Voltaire, ou au Procope, de la rue de l'Ancienne-Comédie, où le futur tribun du parti républicain trouble parfois un Verlaine somnolant devant son verre d'absinthe.

Ces cafés, avec leur clientèle d'écrivains célèbres, fascinent Alphonse lorsqu'il va traîner chez les bouquinistes du quartier où il aime à fouiner dans les caisses de livres. Il lorgne aussi sur les trottoirs les Parisiennes si charmantes dans leurs robes à panier, cette crinoline que Worth, un Anglais pionnier de la haute couture française, ne tardera pas à supprimer. Dès 1860, il l'abandonne au profit des longues robes noires ajustées près du corps, et impose ses toilettes nouvelles à la Cour. Mérimée écrit à la mère de l'impératrice :

> La crinoline est abandonnée, les femmes se mettent maintenant dans des fourreaux de parapluie.

La crinoline a résisté, car la nouvelle mode n'a pas été suivie dans l'instant par les faubourgs, ni à Montmartre chez les grisettes de la Brasserie des Martyrs, au 75 de la rue éponyme. Alphonse vient désormais traîner ses guêtres dans le fameux Maquis de la Butte près des derniers moulins puis, après avoir médité devant le panorama de Paris, s'en va courtiser une jeune et pulpeuse personne ; Marie est modèle et vit seule. Entre deux séances de pose, elle vient à la brasserie boire et fumer avec d'autres bohèmes. Alphonse lui déclare sa flamme, elle n'y reste pas insensible ; ils font la promesse de se revoir à Montmartre, où la belle amoureuse va bientôt pour lui jeter son bonnet par-dessus le Moulin de la Galette.

LES AMOUREUSES DE L'AMOUREUX.

Désormais, Alphonse n'hésite pas à traverser Paris à pied pour rejoindre Marie chez elle. Il lui écrit un poème, plus tard repris dans son livre *Les Amoureuses*, puis lui promet de lui dédier ce premier recueil de poésie, si un éditeur accepte de l'imprimer.

Tandis qu'Ernest doit partir pour Privas, où il a été nommé rédacteur en chef de *L'Écho de l'Ardèche*, Alphonse quitte l'hôtel du Sénat pour un nouveau domicile. Il a trouvé un petit logement au dernier étage d'un vieil immeuble de la rue Bonaparte, juste en face de l'église Saint-Germain-des-Prés. Ce n'est pas de gaîté de cœur qu'il voit s'éloigner Ernest. Celui-ci est inquiet de devoir abandonner son frère à sa vie de bohème. Aux recommandations d'Ernest, à tous ses conseils, Alphonse acquiesce afin de le tranquilliser. Il convainc son aîné qu'il est apte à mener sa barque, à gagner sa vie en casant quelques poèmes à des revues, des éditeurs, ou à des journaux, et qu'il va s'efforcer de trouver un petit emploi.

En attendant le sourire de la chance, l'audacieux poète est sans le sou. Il a froid et faim, n'a plus de domicile fixe ; faute d'avoir pu régler son loyer, il a dû abandonner son pigeonnier de la rue Bonaparte. Il court de plus en plus souvent chez Marie dont la passion s'accorde à son besoin impérieux de volupté. Ce n'est pas sans regret qu'il doit quitter Paris pour répondre à l'invitation de Mistral. Rencontré lors de son passage dans la capitale, l'auteur de *Mireille* est en harmonie avec le jeune Daudet. En dépit de leur différence d'âge — il a dix ans de plus qu'Alphonse —, ils partagent les mêmes admirations littéraires, la même ferveur pour la Provence. Dans son village de Maillane, Frédéric Mistral met les petits plats dans les grands pour son invité. Alphonse, sous le soleil ardent du Midi, se refait une santé, oublie les jours sombres et lamentables de son hiver parisien.

Au cours de sa quête d'éditeur dans Saint-Germain-des-Prés, il a été accueilli avec bonhomie par le libraire Jules Tardieu. Ce dernier a écouté Alphonse lui parler avec enthousiasme de ses goûts littéraires, puis le jeune homme lui a confié qu'il écrivait des vers, et qu'il cherchait à les faire éditer. « Laissez-moi vos poèmes, je les lirai » a promis le libraire. Écrivain lui-même, ses petits romans sentimentaux, signés d'un pseudonyme ronflant, n'ayant jamais suscité l'intérêt des éditeurs du quartier, Jules Tardieux a pris la décision de les éditer lui-même, unique recours pour les convertir en livres, écoulés tant bien que mal. Ayant apprécié les petits poèmes sans prétention du jeune Daudet, Jules Tardieu choisit de les imprimer. Alphonse est aux anges. Il est maintenant certain que la chance ne l'a pas abandonné ; il reprend confiance dans sa destinée d'écrivain. *Les Amoureuses*, sa première œuvre, est éditée en 1858, il a dix-huit ans.

UNE VIE PRINCIÈRE CHEZ L'EMPEREUR.

Alphonse est un garçon charmant, « traînant tous les cœurs après soi ». Une lectrice de la Cour, séduite par les poèmes frémissants de sensibilité du jeune poète à la tignasse romantique, en fait la lecture à l'impératrice, puis à la princesse Mathilde, fille de Jérôme Bonaparte. Bientôt dans les bras d'Alphonse, la ravissante lectrice succombe aux élans du poète. Marie, jalouse, a découvert cette liaison et rapidement mis fin à ces amours clandestines.

Dans sa demeure de Saint-Gratien comme dans son salon du 24, rue de Courcelles, la princesse Mathilde, cousine de l'empereur Napoléon III, s'entoure des meilleurs esprits de son temps : Flaubert, les frères Goncourt, Taine, Sainte-Beuve,

Théophile Gautier, Renan, Alexandre Dumas sont familiers de ses soirées. Égérie des lettres, la princesse a signalé au duc de Morny la situation préoccupante d'Alphonse. Convoqué à l'hôtel de la Présidence, le jeune homme s'est présenté dans son accoutrement de berger provençal, mais Morny avait assez de tact et d'humanité pour accueillir avec bienveillance le jeune garçon intimidé par la pourpre et les ors du palais. En l'engageant comme secrétaire, Morny, librettiste d'opérettes à ses heures, a vite flairé l'aubaine d'avoir sous la main un collaborateur capable de l'assister pour trousser quelques couplets, ou écrire certains dialogues de comédies qu'il signe M. de Saint-Rémy. Au cours d'une soirée chez Flaubert, rue Murillo, Daudet a conté comment Morny lui avait demandé un matin de lui écrire une chanson, une cocasserie madécasse dans le genre : « Bonne négresse aimer bon nègre, bonne négresse aimer bon gigot ». Ravi des couplets d'Alphonse, Morny avait fait composer en hâte une musiquette par Ernest L'Épine, son dévoué chef de cabinet, le duc se souciant comme d'une guigne de ses collaborateurs qu'il a convoqués d'urgence : Persigny, le ministre de l'Intérieur, et Boittelle, le chef de la police. Tous d'eux l'attendent, en piaffant d'impatience, dans son antichambre[1].

Sa longue chevelure ni son sourire angélique ne confèrent à Alphonse un brevet de fidélité. Marie, de son côté, ne passe guère pour un paran-

1. Rapporté dans le *Journal* des Goncourt.

gon de vertu. Leurs amours présentes ne s'embarrassent pas encore de l'évocation de leurs aventures passées. Mais la résurgence de la jalousie viendra infiltrer puis anéantir leur passion.

Pour l'heure, Alphonse s'inquiète de ressentir les premières douleurs de la maladie tant redoutée à l'époque. Le docteur Philippe Ricord, l'un des médecins de Morny, spécialiste de la syphiligraphie est formel : c'est la syphilis. Il confie à Edmond de Goncourt : « J'ai attrapé la vérole avec une dame de haute volée, une vérole épouvantable avec bubons et tout et je l'ai donnée à ma maîtresse » ; un douloureux rappel des doux instants passés dans les bras de la jolie lectrice de l'impératrice.

Dans l'instant où Alphonse apprendra par hasard le passé dissolu de Marie, il rompra avec sa maîtresse, se fiancera avec Julia Allard. Marie Rieu sera priée de s'éloigner, mais n'abandonnera jamais l'espoir de reconquérir son amant.

Puis le temps s'acquittera de son office, flétrira les charmes de Marie, émoussera la passion d'Alphonse. Il tournera définitivement la page en se mariant.

Lorsqu'en 1884, au sommet de sa gloire, Daudet écrira *Sapho*, il s'inspirera de sa liaison avec Marie et de ses souvenirs de la vie de bohème menée naguère à la Brasserie des Martyrs. Les exégètes de l'œuvre de Daudet soulignent que, dans son ouvrage, Fanny Legrand, la maîtresse passionnée et envahissante, n'est pas plus Marie Rieu que Jean Gaussin, son amant, n'est

Alphonse. Cependant l'ouvrage baigne dans l'ambiance de leurs amours tumultueuses nées à Montmartre, pour s'achever dans le climat désenchanté et tragique de leur déchirure.

Pour le moment, Paris semble à Alphonse une fête. Il gagne sa vie en accomplissant une tâche qui lui laisse de grands moments de liberté pour écrire et s'amuser. Il s'installe 12, passage des Douze-Maisons, une ruelle, aujourd'hui disparue, située au 25, avenue Montaigne, l'ancienne allée des Veuves, emplacement de l'actuelle Comédie des Champs-Élysées. Il a pour voisins Émile de Girardin, directeur de *La Presse* et son épouse Delphine Gay, qui occupent l'hôtel du comte de Choiseul-Gouffier dans le Jardin-Marbeuf proche. De son logis modeste, Alphonse se rend chaque matin à l'hôtel de la Présidence dans l'élégant costume qu'un tailleur a accepté de lui couper en lui consentant des facilités de paiement. Il rejoint à pied le quai d'Orsay, en passant par le cours La Reine puis le pont des Invalides. Le soir, il va retrouver Marie au théâtre où elle joue une panne à la Porte Saint-Martin, traîne sur les Grands Boulevards, à la Maison Dorée, au Café de Paris, ou chez Tortoni, où se donnent rendez-vous ceux qui comptent à Paris dans les arts et les lettres. Il fréquente les cafés-concerts des Champs-Élysées : le Jardin de Paris, les Folies-Marigny, ou les Ambassadeurs, mais davantage encore le bal Mabille de l'avenue Montaigne. On y tourbillonne au son de la « Valse des roses » d'Olivier Métra, fasciné par l'éclairage féerique diffusé par trois mille becs de gaz. Céleste Mogador, l'une des reines du bal, vient d'y créer la Polka, une danse nouvelle, entourée de Rigolboche, de Clara Fontaine, de Rose Pompon, et de la reine Pomaré, tandis que le cancan de Chicard électrise le public du bal. Couru par les peintres et les écrivains comme Balzac, Courbet, Nadar, Théophile Gautier, ou Baudelaire, le bal Mabille, des Champs-Élysées, comme celui de Bullier de Montparnasse, a fait danser tout Paris pendant près d'un demi-siècle.

CASTOR ET POLLUX AU PALAIS DE LA PRÉSIDENCE.

Après un séjour en Provence où il a rejoint les siens, ses amis et les lieux de son enfance, Alphonse retrouve la grisaille de Paris. Collaborateur de *Paris-Journal*, ses chroniques ont été remarquées par Villemessant, le fondateur du *Figaro*. L'autoritaire patron du quotidien lui commande des articles. Il touche 33 francs[1] pour le premier qu'il est allé déposer au bureau du journal de la rue Vivienne. Il revient ensuite par le boulevard Montmartre, ne serait-ce que pour entrevoir aux terrasses des cafés Baudelaire et son fidèle Villiers de l'Isle-Adam, Jules Vallès sirotant sa « petite verte », Gustave Courbet pérorant au milieu de jeunes rapins, ou Léon Gambetta avec lequel il aime évoquer la rue de Tournon. Les deux garçons

1. 75 euros.

sympathisent ; Alphonse suit la carrière politique de Gambetta, et Léon est heureux des premiers succès dans les lettres de son ancien voisin de chambre. Une amitié va naître ; elle ne se démentira jamais.

Morny gourmande Alphonse sur la longueur de sa chevelure — agacement concevable chez un chauve —, lui fait promettre d'adopter une coiffure plus conforme à sa fonction ; un emploi lui laissant une grande disponibilité dont il tire profit pour se rendre à Nîmes embrasser sa mère et se ressourcer dans la Provence, vivier inépuisable de l'œuvre à venir.

Morny étant en quête d'un secrétaire parlementaire, Alphonse propose le poste à son frère Ernest. Quittant Privas au grand galop, celui-ci se présente à la Présidence. Engagé sur-le-champ, le nouveau secrétaire, heureux de se retrouver à Paris, ne croulera pas sous le travail ; hors des sessions du Corps législatif, il disposera de son temps. Les deux frères sont, à nouveau, réunis, sans avoir, cette fois, l'appréhension du lendemain.

Au 24 de la rue d'Amsterdam, où elle voudrait mener une vie bourgeoise avec son bien-aimé, Marie accapare Alphonse pour l'installation de l'appartement où le nécessaire pour mener une vie décente est inexistant. Elle l'entraîne dans les magasins et chez les brocanteurs. Ils en reviennent fourbus et joyeux. Marie range ses oripeaux, témoins de ses velléités de comédienne. Son seul but désormais est de se consacrer à son amant qu'elle vénère.

Fatigué par sa maladie et les soins qu'elle nécessite, Alphonse a mauvaise mine, son visage marqué par la douleur est pathétique. Il décide de s'accorder trois mois de vacances au soleil. En prenant le bateau pour l'Algérie, il compte sur le climat méditerranéen pour retrouver une santé plus florissante.

FIN DE LA SAISON DES AMOURS.

À son retour, L'Épine se précipite pour lui apprendre que *La Dernière Idole*, pièce qu'ils ont écrite ensemble, a été créée le 4 février 1862 au théâtre de l'Odéon. Succès brillant que la présence du couple impérial, venu assister au spectacle, n'a fait que confirmer. L'Épine, impatient de poursuivre leur collaboration, lui annonce qu'il a déjà trouvé l'argument et le titre de leur prochaine pièce : *Les Absents.*

Au bureau, le duc de Morny l'accueille, heureux de le voir, après ces trois mois d'absence, ayant recouvré la santé. Il le félicite pour sa pièce, du choix des acteurs, et ne tarit pas d'éloges sur leur interprétation.

Alphonse ne reprend pas la vie commune avec Marie. Après tous ces jours passés dans la lumière et la chaleur de l'Algérie, Alphonse trouve la capitale froide et maussade. Au milieu du vacarme parisien, il rêve au silence solennel du désert, à la douce euphorie de ces jours lumineux où la vie s'écoulait paisible.

Alphonse ne peut ignorer le passé tumultueux de Marie, mais ce que lui révèlent les anciens camarades de bohème, rencontrés ce jour-là à la terrasse d'un café de la rue Royale, le stupéfait. Convaincus que Marie et Alphonse ont mis un terme à leur liaison depuis longtemps, les joyeux compères ne se privent pas de faire des gorges chaudes de la vie de gourgandine de celle qui demeure toujours l'élue dans le cœur d'Alphonse. La liste des amants de Marie déroulée devant lui comme *il catalogo* des belles de Don Giovanni, là, au milieu de la foule des consommateurs, ponctuée des rires gras des anciens compères de la Brasserie des Martyrs, l'accable : Banville, Nadar… des peintres, des sculpteurs… toute la bohème défile. Feignant d'être instruit des frasques de Marie, il quitte ses amis, groggy, s'en va droit devant lui, au milieu de la foule, bien déterminé cette fois à rompre définitivement avec celle que d'anciens amants surnomment Chien vert. Plus tard, après son mariage, au cours d'un séjour chez Flaubert à Croisset, en compagnie de Zola et de l'éditeur Charpentier, au mois de mars 1880, il racontera la fin de leur liaison. Les frères Goncourt notent dans leur *Journal* :

> Daudet qui a un peu de *Porter*[1] du déjeuner monté à la cervelle, se met à parler de Chien vert, de ses amours avec cette femelle folle, enragée,

1. Porter, bière brune d'origine anglaise.

détraquée, dont il a hérité de Nadar. Des amours fous, suant d'absinthe et, de temps en temps, dramatisés par des coups de couteau, dont il nous montre la marque sur une de ses mains. Il nous peint en pasquinant cette triste vie avec cette femme, dont il n'a pas le courage de se détacher et à laquelle il reste noué un peu par la pitié qu'il a de sa beauté disparue et d'une dent de devant, qu'elle s'est cassée avec un sucre d'orge.

Il leur raconte qu'au moment de son mariage, quand il avait fallu rompre avec elle, redoutant ses emportements dans un lieu habité, il l'avait, sous le prétexte de l'emmener dîner à la campagne, menée dans le bois de Meudon, et là, lui avait annoncé que leur vie commune était finie. Marie s'était roulée à ses pieds, dans la boue, avec des mugissements de jeune taureau entremêlés de « Je ne serai plus méchante, je serai ta domestique ».

Pour tenter d'oublier les moments difficiles qui suivront cette rupture avec Marie, il se met au travail, s'immerge dans les souvenirs de son voyage en Algérie pour écrire ses *Promenades en Afrique*, à paraître dans *Le Monde illustré*. *Charpatin le tueur de lion* qui paraît en feuilleton dans *Le Figaro* n'obtient guère de succès, mais servira de base pour son *Tartarin de Tarascon*, en 1872.

Tandis qu'il s'installe 123 bis, rue de l'Université, Marie s'éloigne, pour s'établir à Bures-sur-Yvette, dans la vallée de Chevreuse.

ÉPILOGUE AUX « AMOUREUSES ».

Les Absents, la pièce écrite avec L'Épine, n'est pas reçue à la Comédie-Française ; la réédition des *Amoureuses* n'obtient guère de succès. Alphonse est dans une dèche noire et accumule les dettes. La poésie ne nourrissant point son homme, il choisit de se lancer dans la rédaction d'une pièce dramatique, il fréquente le monde du spectacle et ses coulisses, devient l'amant d'Alice Ozy[1], comédienne réputée, célèbre pour son talent mais aussi pour ses amants : Victor Hugo, son fils Charles, Théophile Gautier, Saint-Victor, et le peintre Chassériau dont elle a été le modèle, sensuel et voluptueux, pour *La Nymphe endormie*, l'un des chefs-d'œuvre de l'artiste[2].

À la satisfaction d'amour-propre de séducteur, s'ajoute bientôt celle de voir sa pièce *Les Absents*, mise en musique par Ferdinand Poise[3], obtenir un succès d'estime à l'Opéra-Comique.

Morny meurt le 10 mars 1865. Il disparaît avec l'élégance discrète qui sied à ce dandy qui aura incarné l'affairisme et la frivolité du Second Empire. Alphonse Daudet, son troisième secrétaire, suit les funérailles du Palais Bourbon au Père-Lachaise, il pleure un protecteur aussi charitable pour son infortune qu'indulgent pour ses

1. Julie Pilloy dite Alice Ozy (1820-1893).

2. Théodore Chassériau (1819-1856), *La Nymphe endormie* (1850).

3. Ferdinand Poise (Nîmes, 1828-Paris, 1892), compositeur d'opéras-comiques et d'opérettes, *Le Jardin galant, Les Surprises de l'amour, L'Amour médecin*.

extravagances. La mort du demi-frère de l'empereur Napoléon III lui inspirera de très belles pages dans son roman *Le Nabab* (1877).

Le comte Walewski, le fils de Napoléon Ier et de Marie Walewska, s'installe dans le bureau de Morny. Peu captivé par les arts et les artistes, son arrivée à la Présidence perturbe la routine du personnel. Alphonse perd sa situation, son frère passe à la bibliothèque du Sénat et L'Épine rejoint la Cour des comptes.

Désormais, c'est dans les cafés que l'on retrouve Alphonse ; sans emploi, il traîne à nouveau à la Brasserie des Martyrs, au café Véron, à ceux de Madrid, et des Variétés.

Il fait la connaissance d'un Sisteronais, Paul Arène, dont un acte en vers, *Pierrot héritier*, a révélé au public le talent du futur auteur de *Jean des Figues*. Ils écrivent ensemble *Les Lettres de mon moulin* (1866), dont la publication dans le journal *L'Événement* obtient un gros succès. Alphonse enchaîne avec un roman, *Daniel Eysette* — il paraîtra sous le titre : *Le Petit Chose*, récit inspiré de ses années d'humiliations lorsque, pion au collège d'Alès, il subissait les persécutions et les plaisanteries impitoyables des jeunes élèves de sa classe.

À vingt-cinq ans, Alphonse devient l'un des plus brillants chroniqueurs du *Figaro*. En accompagnant Villemessant, son directeur, à la Comédie-Française pour contrer l'agitation bruyante des trublions qui, chaque soir, malmènent *Henriette Maréchal*, la pièce des Goncourt, il aperçoit dans une loge voisine le peintre Henri de Beaulieu[1], entouré du couple Allard, et de leur ravissante fille Julia. La jeune fille n'a pas été sans remarquer Alphonse, dont l'air inspiré et les longs cheveux tombant sur ses épaules éveillent sa curiosité. Elle apprend au cours de l'entracte qu'il est poète, et l'auteur des *Lettres de mon moulin*. De son côté, Alphonse s'enflamme pour la beauté de Julia.

Alors que le choléra cause des ravages en 1865 dans la capitale, Alphonse se réfugie chez son frère Ernest à Ville-d'Avray. Un soir, les invités d'un dîner organisé en l'honneur de cousins habitant les environs arrivent accompagnés de Julia. La rencontre semble fortuite, mais elle a certainement été préméditée par Ernest qui souhaite, depuis quelque temps, voir son frère s'établir, se marier, et cesser de traînasser dans les cafés, gaspillant son temps et son talent.

Ce soir-là, les jeunes font plus ample connaissance. Ils se plaisent, parlent poésie, littérature, partagent les mêmes goûts et les mêmes admirations.

Les cousins sont un excellent alibi pour se revoir. Alphonse subjugue Julia en lui récitant ses poèmes, elle lui réplique par des vers de Marceline Desbordes-Valmore et lui révèle que ses parents sont un peu poètes, qu'ils ont même publié, sous un pseudonyme, dans l'*Art*, la revue parnassienne, des poèmes couronnés aux Jeux Floraux. Les

1. Anatole-Henri de Beaulieu (1819-1844), élève de Delacroix, dont l'œuvre est bien oubliée aujourd'hui. Poète à ses heures, il était féru de littérature.

parents de Julia désirent faire la connaissance du jeune poète. Alphonse se rend à l'hôtel de Vaux du Marais, rue Saint-Gilles où se trouvent également les bureaux de M. Allard. Industriel par devoir, poète par inclination, Jules Allard préfère s'entretenir de poésie que de ses activités manufacturières. Bourgeois fortunés, les parents de Julia n'ont cependant aucune prévention contre ce bohème excentrique dont leur fille est éperdument amoureuse. Ils savent qu'elle est têtue et qu'elle ne renoncera pas à son poète ; ils l'acceptent comme futur gendre.

Pour Alphonse il s'agit maintenant de rompre avec ses maîtresses. Toujours belle et désirable, Marie est venue le relancer ; l'impétueuse Alice Ozy, de plus en plus éprise, le poursuit. Le courage lui manque pour se désengager et affronter leur courroux ; désemparé, il fuit Paris sous un prétexte fallacieux. Il part pour la Provence, où l'accueillent ses amis Ambroy, non loin de son cher moulin de Fontvieille. Là, il tente de travailler, mais accablé, il doit y renoncer. Il reprend à Arles le train pour Paris. Il se précipite chez lui, 123 bis, rue de l'Université. Marie, devant sa porte, l'attend. Elle le supplie de revenir, mais, tour à tour tendre et menaçante, elle n'obtient d'Alphonse qu'un bref mais foudroyant réquisitoire sur son passé.

HEURS ET MALHEURS D'ALPHONSE.

Alphonse et Julia se marient le 29 janvier 1867, à l'église Saint-Denis du Saint-Sacrement de la rue de Turenne. Jusqu'à la dernière minute, Alphonse a craint que Marie vienne troubler la cérémonie nuptiale. Un discret service d'ordre est assuré par quelques vieux copains de la Brasserie des Martyrs. Après la scène de rupture de la rue de l'Université, Alphonse, connaissant les réactions violentes de Marie, vivait dans l'angoisse de la voir se précipiter sur le parvis de l'église pour faire un esclandre, ou menacer de mettre fin à ses jours. La radieuse présence de Mistral, arrivant spécialement de Maillane pour embrasser les jeunes mariés, vient à propos estomper son inquiétude.

Ils partent ensuite en voyage de noces en Provence, où Alphonse fait découvrir à Julia Cassis, le moulin de Fontvieille, la Camargue, Arles, les Baux.

De retour à Paris, Julia se met en quête d'un nouvel appartement. Celui où ils se sont installés rue de Bellechasse ne lui plaît guère. Elle découvre ce qu'elle cherche, dans un lieu historique au 24 de la rue Pavée : l'hôtel Lamoignon[1], ancien hôtel d'Angoulême, un des plus vieux du Marais. Guillaume de Lamoignon de Malesherbes, défenseur de Louis XVI, y est né en 1721. Un des deux pavillons qui encadrent le bâtiment principal est aménagé en appartement ; le couple va disposer de

1. L'hôtel d'Angoulême, puis de Lamoignon abrite actuellement la Bibliothèque historique de la Ville de Paris.

plusieurs vastes pièces. Dans l'une d'elles, Julia installe le bureau d'Alphonse qui met la dernière main à son livre *Le Petit Chose* (1868). Sa pièce de théâtre *Le Frère aîné* sera montée au Vaudeville et la suite des *Lettres de mon moulin* paraît en feuilleton dans *Le Figaro* et *Le Moniteur.* Le couple est heureux, les parents de Julia, fiers du succès de leur gendre. Pour Alphonse les jours se suivent mais ne se ressemblent guère. Après l'échec de sa pièce, *Le Frère aîné*, il apprend, par ses vieux amis de la Brasserie des Martyrs, la mort de Marie Rieu (probablement en 1869). Alphonse, en villégiature chez ses beaux-parents, au château de Vigneux-sur-Seine, se rend à Paris où il va suivre le triste convoi conduisant Marie à sa dernière demeure.

Il a aimé cette fille perverse, sa beauté, sa sensualité, la fougue de sa jeunesse. Mais cet amour orageux, bâti sur un passé tumultueux entre cette névrosée et l'artiste frivole, inconséquent, un peu lâche aussi, aura surtout manqué de sérénité. Lui, va enfin connaître dans l'harmonie du mariage l'aisance, puis le succès.

Devant le cercueil de Marie, Alphonse se souvient.

UNE GLOIRE CONSACRÉE.

Le travail est le dérivatif à sa tristesse et à sa maladie en compagnie de laquelle il doit vivre au quotidien. Rien ne le distrait davantage que de se retrouver au Café Riche — à l'angle du boulevard Haussmann et de la rue Le Peletier — avec ses amis : Flaubert, Goncourt, Zola au « dîner des auteurs sifflés ». Pour se divertir de leurs insuccès au théâtre, ils ont créé, le 14 avril 1871, ce dîner mensuel auquel se rallie bientôt Ivan Tourgueniev qui vient lui aussi de subir un échec retentissant à Saint-Pétersbourg. Alphonse partage son temps entre Paris et la propriété de ses beaux-parents à Vigneux-sur-Seine. Il quitte la rue Pavée pour s'installer 18, place des Vosges, dans une aile de l'hôtel de Richelieu. Dans ce nouvel appartement, il écrit *Le Nabab*, un roman où l'on retrouve, dans le personnage de Mora, un portrait loyal du duc de Morny. C'est une période où le couple Daudet fréquente Edmond de Goncourt désemparé après le décès de son frère. C'est l'époque morose d'un après guerre qui a vu la chute du Second Empire, où Paris se révolte contre la capitulation et le gouvernement de Thiers.

Le Nabab paraît le 12 juillet 1876. Il est dédié à Julia ; c'est un triomphe. À trente-sept ans, Alphonse est célèbre, Flaubert lui écrit que c'est son chef-d'œuvre. Il est l'ami des plus grands écrivains, on le compare à Balzac, Victor Hugo le reçoit chez lui. À quand l'Académie ? lui dit-on. Il attaque un nouveau roman, *Les Rois en exil*, mais il est bientôt épuisé par la maladie et le travail. Le docteur Potain lui ayant enjoint de se reposer, le livre ne paraîtra qu'en 1879.

Julia reçoit dans leur nouvel appartement au 3 de l'avenue de l'Observatoire. Tout ce que Paris compte de personnages célèbres défile dans son salon ; les écrivains : Flaubert, Goncourt, Zola,

Hugo, Tourgueniev, Mallarmé ; les peintres Manet, Renoir, Monet.

Numa Roumestan (1881) reçoit les éloges de la presse, puis *L'Évangéliste* (1883) paraît en feuilleton dans *Le Figaro* ; de Champrosay, sa maison de campagne de Seine-et-Oise, il stimule les jeunes écrivains Maurice Barrès, Marcel Proust, voisine avec l'extravagant photographe, peintre et aéronaute Nadar, commence son *Tartarin sur les Alpes*.

Au printemps de 1885 les Daudet vont habiter 31, rue de Bellechasse, fréquentent le salon de Mme Georges Charpentier, 11, rue de Grenelle. L'épouse de celui qui se félicitait d'être « l'éditeur du naturalisme » reçoit les plus grands artistes de l'époque — Renoir a exécuté un portrait fameux de Mme Charpentier.

Passant à Champrosay après un voyage à Venise, Edmond de Goncourt meurt chez les Daudet le 16 juillet 1896.

Le couple déménage à nouveau l'année suivante pour le 41, rue de l'Université. En dépit des soins intensifs du grand Charcot et des cures dans les villes d'eaux censées soulager ses douleurs, Alphonse Daudet, qui a si bien décrit ses souffrances dans *La Doulou,* s'éteint le 16 décembre 1897.

À la recherche des logis de Marcel Proust

À L'OMBRE DES MARRONNIERS D'AUTEUIL.

La maison de la rue La Fontaine, où Marcel Proust a vu le jour, n'existe plus. Au numéro 96, un immeuble en pierres de taille a pris la place de la villa tapie au fond d'un jardin de l'ancien paisible village d'Auteuil, annexé à Paris en 1860 par Haussmann. Grand-oncle maternel de Marcel, Louis Weil, sybarite aisé, l'avait acquise pour y recevoir maîtresses, demi-mondaines, et courtisanes venant secrètement lui vendre leurs charmes.

Alors que la Commune se déchaîne dans les rues de Paris, Mme Adrien Proust, sa nièce, vient s'y réfugier pour donner naissance à Marcel, l'aîné de ses fils, le 10 juillet 1871.

> Cette maison que nous habitions avec mon oncle, à Auteuil, au milieu d'un grand jardin qui fut coupé en deux par le percement de la rue — aujourd'hui l'avenue Mozart — était aussi dénuée de goût que possible. Pourtant je ne peux dire le plaisir que j'éprouvais quand, après avoir longé en plein soleil, dans le parfum des tilleuls, la rue La Fontaine, je montais un instant dans ma chambre.

La maison avait trois étages, sa vasque au centre du jardin et ses deux petits pavillons d'entrée lui donnaient l'aspect d'une folie néo-romantique. Enfant, Marcel était tombé dans le petit bassin. Vingt ans plus tard, sa mère et sa tante en faisaient encore un récit terrifiant.

La famille passe une partie de la belle saison à Auteuil. Lorsque les responsabilités du docteur Adrien Proust requièrent sa présence à Paris, le médecin prend alors chaque matin l'omnibus Auteuil-Madeleine qui le mène dans Paris, où il est attendu aux hôpitaux de l'Hôtel-Dieu et de La Charité.

Une plaque, sur l'immeuble de la rue La Fontaine, signale aux passants le lieu de naissance de Marcel Proust. Aux lecteurs de son œuvre, elle évoque les pages où, petit garçon, le narrateur relate l'insoutenable attente du baiser maternel sans lequel il ne peut s'endormir, alors que ses parents et leurs invités s'attardent au jardin, dans la douceur d'un soir d'été.

Dans les pages fameuses de l'œuvre, le narrateur situe son angoisse nocturne dans la maison de Combray, bien qu'il s'agisse, à l'évidence, de la villa d'Auteuil.

LA MADELEINE, PLAQUE TOURNANTE DE MARCEL PROUST.

De retour à Paris, la famille Proust regagne son appartement du 9, boulevard Malesherbes. Un premier étage sur cour dont les balcons de plusieurs fenêtres donnent sur la rue de Surène.

Pour Marcel, la place de la Madeleine est un lieu stratégique : le restaurant Chez Larue pour les soupers dans la pourpre un peu crue de son décor ; le café-restaurant Weber, rue Royale, pour les conversations frivoles et les distractions, « ma villégiature à moi qui n'en ai pas » — sa terrasse, où il exhortait Paul-Jean Toulet[1] de modérer sa consommation de whiskys lui prédisant qu'elle lui ruinerait l'estomac ; la pharmacie de la rue de Sèze pour l'approvisionnement en poudre à fumigations ; Prunier, le restaurant de la rue Duphot ; l'hôtel Marigny, 11, rue de l'Arcade, un établissement à la clientèle équivoque tenu par Jupien dans la *Recherche*. Enfin, Les Trois-Quartiers, le magasin providentiel pour le remplacement de ses parapluies égarés.

Par goût, si ce n'est par obligation, Marcel Proust est parisien dans l'âme. Illiers-Combray, petit bourg d'Eure-et-Loir, constituera la genèse de son œuvre dont le microcosme parisien favorisera son accomplissement.

Du boulevard Malesherbes, les jardins des Champs-Élysées, tout proches, sont le théâtre d'événements liminaires marquants de la *Recherche*. Ici le narrateur s'éprend de Gilberte Swann, fillette aux cheveux roux qui, en dépit des parties de barres auxquelles ils s'adonnent ensemble et de

1. Paul-Jean Toulet (1867-1920), écrivain et poète français, auteur des *Contrerimes* et de *Mon amie Nane*.

la bille d'agate qu'elle lui offre, ne lui apporte qu'anxiété et déception ; là, dans le chalet de nécessité, « petit pavillon ancien grillagé de vert », sa grand-mère éprouve les premiers symptômes de l'attaque qui l'emportera.

La cour de l'immeuble du boulevard Malesherbes est celle de l'hôtel de Guermantes du livre. Lieu de la rencontre du giletier Jupien et du baron de Charlus, épiée par le narrateur ; la fenêtre de la cuisine où Françoise, vigie attentive, observe les allées et venues d'un gotha faisandé et d'un petit peuple pervers.

En 1900, la famille Proust quitte le boulevard Malesherbes pour le 45, rue de Courcelles, à l'angle de la rue de Monceau. L'appartement bourgeois, de quelque trois cents mètres carrés, ceinturé d'un balcon, est desservi par une sorte de lourd ascenseur électro-hydraulique capitonné, à la progression lente et incertaine.

La rue de Courcelles est certes moins centrale que la Madeleine, mais en cette fin du XIXe siècle, elle est devenue très résidentielle. Desservie par le fameux « Panthéon-Courcelles », l'omnibus cher à Courteline et à Léon-Paul Fargue ; celui-ci assurait que l'ascension de son impériale rendrait la vue à des yeux d'aveugle. Son itinéraire est encore aujourd'hui celui emprunté par l'autobus 84 ; prolongée, la ligne mène désormais ses usagers jusqu'à la porte de Champerret. Depuis le Second Empire, la rue de Courcelles et ses alentours sont fréquentés par la gent littéraire. Les Bibesco demeurent au numéro 69, Flaubert (on l'a vu), Renan, Taine, les Goncourt,

Bourget, Anatole France, les musiciens Gounod et Bizet, et bien d'autres, visitent au numéro 24 l'hôtel particulier de la princesse Mathilde. Dans le salon de Geneviève Strauss au 122, boulevard Haussmann, à l'angle de l'avenue de Messine, Proust fera la connaissance de Madeleine Lemaire ; peintre des roses, elle tient salon dans son hôtel du 3, rue de Monceau. Proust y rencontrera Robert de Montesquiou et tout ce qui compte à Paris dans le monde des arts et de la politique. Dumas fils disait de Madeleine Lemaire qu'elle avait créé le plus de roses après Dieu. Appelée « la patronne » par le « petit noyau » de ses fidèles, c'est l'un des modèles de Mme Verdurin.

En 1898, Proust assiste, 15, place Vendôme, à l'inauguration du Ritz, un ancien petit hôtel agrandi et rénové par Charles Mewès[1]. Alliant modernité et élégance, c'est le plus luxueux de Paris. Marcel Proust aime s'y retrouver au dîner ou à l'heure du thé en compagnie de Morand dont l'épouse, la princesse Soutzo, lui inspire une passion platonique. Tard le soir, il se délecte à écouter Olivier Dabescat, le déférent maître d'hôtel, parfait connaisseur du gotha, source précieuse d'informations pour la *Recherche*. Il affirme ne sortir que rarement le soir, on le rencontre cependant en compagnie de Cocteau, l'abbé Mugnier, la marquise de Lude… dans les salons du palace dont il apprécie l'ambiance feutrée, l'éclat de ses miroirs, l'éclairage tamisé des chandeliers électri-

1. Charles-Frédéric Mewès (1858-1914). Architecte, il a construit le château de Rochefort-en-Yvelines, la maison de Jules Ferry, ainsi que l'immeuble Guerlain, 68, avenue des Champs-Élysées.

ques coiffés d'abat-jour de soie rose ou crème mettant en valeur le teint des femmes.

Familier du restaurant de l'hôtel, il s'attachera, en 1918, les services d'un jeune Suisse, Henri Rochat, séduisant garçon, serveur de la salle à manger. Converti en secrétaire, puis en tendre ami, le bellâtre, après avoir profité des largesses de Proust, sera supplanté par « le petit Vanelli », autre garçon de salle ; Rochat émigrera en Amérique en 1921.

En 1922, attribuant aux glaces de l'hôtel des vertus thérapeutiques, il soigne ses brûlures d'estomac en s'en nourrissant. Odilon[1], son chauffeur et le mari de Céleste[2], va en chercher de jour comme de nuit au Ritz.

La direction nouvelle du Ritz s'est attachée à préserver l'ambiance ouatée chère à l'auteur de la *Recherche* ; elle perpétue aujourd'hui la tradition proustienne de l'établissement créé par César Ritz et dirigé, après son décès en 1918, par son épouse Marie-Louise jusqu'en 1953.

LA CHAMBRE FORTE DU BOULEVARD HAUSSMANN.

Chaque jeudi, à deux heures de l'après-midi, quelques aficionados de l'auteur de la *Recherche* viennent se recueillir dans la chambre de

1. Odilon Albaret, mari de Céleste, chauffeur de taxi, il se tenait toujours à la disposition de Marcel Proust.

2. Céleste Albaret (1891-1984), fidèle et dévouée gouvernante de Proust : *Monsieur Proust*, souvenirs recueillis par Georges Belmont (Laffont, 1973).

Marcel Proust, au premier étage du 102, boulevard Haussmann, sa tanière fameuse garnie en 1910 d'écorces de liège brut. La banque S.N.V.B.[1] autorise la visite de la pièce restaurée où le romancier a vécu cloîtré à partir de 1907, pour y écrire la plus grande partie de son œuvre. Si l'appartement, dans son ensemble — avec son couloir menant à l'office, la salle à manger, les deux salons où Proust a entassé les meubles de la rue de Courcelles —, a été transformé en bureaux, la chambre de l'écrivain demeure intacte. Vidée de son mobilier — exposé désormais au Musée Carnavalet —, subsistent encore la cheminée de marbre et le parquet à point de Hongrie. Il faut l'imagination des proustiens fervents pour concevoir ce que fut cette chambre-caverne aux murs recouverts de plaques de liège, ses rideaux bleus toujours tirés, son petit lit de cuivre, la table de nuit où la lampe de chevet dispensait, jour et nuit, un halo vert. Aujourd'hui les visiteurs entrent dans une pièce claire, finement tapissée d'une couche de papier-liège ; les plus dévots s'y recueillent, baisent la cheminée de la chambre. Leur émotion, leurs fantasmes, les aident à imaginer le combat contre le temps de celui qui a consacré sa vie à son œuvre.

1. L'immeuble du 102, boulevard Haussmann était la propriété de Georges Weil, oncle de Proust. Après sa mort, il est vendu en 1919 à la banque Varin-Barnier, aujourd'hui Société nancéienne Varin Bernier.

LES DERNIÈRES DEMEURES.

1919. — Enjoint de quitter le boulevard Haussmann, Proust ne sait trop où aller. Son asthme, son rhume des foins, son état nerveux lui interdisent bien des quartiers. Jacques Porel, le fils de Réjane, l'un des premiers à lui avoir écrit, en 1914, son admiration pour *Du côté de chez Swann*, lui propose d'occuper un appartement meublé, vacant au quatrième étage, dans l'hôtel particulier de sa mère, 8 bis, rue Laurent-Pichat. Proust accepte en attendant la fin des travaux d'aménagement de son nouvel appartement de la rue Hamelin. Il n'y sera guère heureux. Il ressent de profonds malaises dus à la proximité du bois de Boulogne. Cependant il va vivre là, dans un confort relatif, de mars à octobre 1919[1].

Bien qu'il prétendît être un locataire insupportable, il fut le plus charmant des voisins[2], dit de lui Jacques Porel, ajoutant que l'ascenseur de l'immeuble ne marchant pas toujours, il arrivait à sa mère Réjane de croiser Proust dans l'escalier. Les deux malades échangeaient quelques mots, qui le lendemain étaient longuement commentés par l'écrivain pour son jeune interlocuteur.

Le 1er octobre 1919, Marcel Proust emménage dans son nouveau logis, 44, rue Hamelin, près de l'avenue Kléber, l'immeuble a fait place

1. Les noms de Proust et de Réjane sont unis sur deux plaques jumelles apposées en 1948 sur l'immeuble de la rue Laurent-Pichat.

2. Jacques Porel, *Fils de Réjane, Souvenirs**(1895-1920)*, Plon, 1951.

aujourd'hui à l'Élysées Union Hôtel. C'est là qu'il apprend, le 10 décembre suivant, que le prix Goncourt lui est attribué pour *À l'ombre des jeunes filles en fleurs*, par six voix contre quatre aux *Croix de bois* de Roland Dorgelès. Un choix très controversé en cette période d'après-guerre. Proust s'en expliquera dans *Le Temps retrouvé*.

Pour le réveillon du 31 décembre 1921, il se rend à la soirée de fête chez Étienne de Beaumont. Après s'être fait préciser qu'il n'y avait point de courant d'air, il y arrive à minuit. Un mouvement de foule l'annonce, les invités s'écartent pour laisser passer « l'oiseau de nuit ».

Au printemps de 1922, il annonce à sa fidèle Céleste avoir écrit le mot « fin » de son ouvrage. « Maintenant je peux mourir », lui dit-il. Ses dernières forces sont consacrées à la correction des épreuves de *La Prisonnière*. Atteint d'une infection virale suivie d'une pneumonie qu'il n'a pas voulu soigner, il s'affaiblit. Il cesse de s'alimenter, ne supporte que la bière glacée qu'Odilon va chercher au Ritz. Il interdit sa porte aux médecins, refuse les soins de son frère, le professeur Robert Proust, accouru à son chevet.

Au cours de la nuit du 17 novembre, il dicte encore à Céleste quelques phrases sur l'agonie de son personnage, l'écrivain Bergotte.

Marcel Proust meurt le 18 novembre entre cinq et six heures du soir.

La fidèle Céleste, intimement liée à la vie de l'auteur de la *Recherche*, dira plus tard qu'au-delà de la mort, Marcel Proust a continué de lui accorder sa protection. Elle trouvera toujours, dit-elle, sur son chemin un fervent de l'œuvre pour lui apporter aide et assistance dans ses démarches.

Léon-Paul Fargue
dans les méandres de Paris

VADROUILLES ET TANIÈRES DE « LÉOPARD ».

En 1943, alors qu'il dîne en compagnie de Picasso au restaurant Chez le Catalan de la rue des Grands-Augustins, Léon-Paul Fargue est frappé de paraplégie. Le Parisien avéré, qui a sillonné sa ville en tous sens, est désormais cloué au lit dans l'appartement situé au-dessus du « café-navire » François-Coppée, à l'angle du boulevard Montparnasse et de la rue de Sèvres, où il demeure, avec son épouse, le peintre Chériane[1].

Depuis la disparition du poète, le carrefour Duroc a pris le nom de place Léon-Paul-Fargue.

Le Piéton de Paris, D'après Paris, Méandres, titres de ses livres les plus fameux, demeurent à jamais attachés à la légende de la capitale où ce décrypteur du plan de Paris est né rue Coquillière, le 4 mars 1876.

Avant d'adopter le taxi et d'en être le zélateur fervent, « Léopard » — sobriquet que certains de

1. Chériane, Chérie-Anne (née en 1900), artiste peintre.

ses familiers attribuent à ce maître confirmé du contrepet — a été un fervent usager des transports en commun. Du métro, il a dit que « [...] l'usage de la voilette rendait les premières classes frémissantes d'adultères virtuels et prolongeait les intrigues de Paul Bourget » ; de la plate-forme des autobus où, de l'impériale de l'omnibus « Place Pigalle-Halle aux Vins » de jadis, Paris lui apparaissait « comme la silhouette même du Nouveau Monde, comme le lieu magique vers lequel gravitaient les collections d'idées et de toilettes ». Il rêve encore au temps où les fiacres de l'Urbaine, voitures élégantes jaunes et cannées, étaient guidés par des cochers à la redingote mastic et coiffés de haut-de-forme blanc. « Le fiacre est la vieille chaussure du souvenir. »

Féru des gares, ce sédentaire affectionne les trains en partance ; la gare Saint-Lazare et la cour du Havre, qu'il appelle la mort-aux-chevaux ; il est chez lui entre la gare du Nord et la gare de l'Est, de la Chapelle à La Villette, attaché à leurs voisinages comme un villageois à son clocher.

> Ce Paris de mes souvenirs que j'ai tant arpenté, c'est lui, maintenant, qui me trotte dans l'âme, comme un chat qui rôde et s'arrête pour me regarder.

Ce natif de la rue Coquillière, où, disait-il, « je passe souvent quand je rentre tard le soir pour revoir nos vieilles fenêtres et ma triste étoile entre les cheminées qui veillent » retrouvait, non loin de là, dans les anciennes halles, ses amis de la revue

Le Centaure : Henri de Régnier, Paul Valéry, André Gide, Jean de Tinan, pour des soupers nocturnes.

Enfant mis en nourrice rue Mouton-Duvernet, Léon-Paul rejoint ses parents alors locataires d'un petit appartement, au 15, puis au 22 de la rue du Colisée. Au début du siècle dernier, ils habitent un logement sans confort boulevard Saint-Martin, au-dessus de l'atelier où MM. Fargue, son père et son oncle, exercent le métier de céramiste ; on leur doit les luxuriants panneaux de végétation tropicale décorant les murs de la brasserie Lipp.

Jacques Porel, le fils de Réjane, va souvent le retrouver dans ce logis, vaste mais modeste, où sa vieille mère et son chat, les deux êtres qu'il aime le plus au monde, avoue-t-il, le consolent de la perte de son meilleur ami Charles-Louis Philippe[1], l'auteur de *Bubu de Montparnasse*.

Il fait découvrir à son ami un Paris authentique, vivant, faubourien, celui des hauteurs de Ménilmontant, des quais du canal Saint-Martin et des rues grises cernant les gares de l'Est et du Nord. Avant de revenir dans ce quartier qu'il a tant aimé, Léon-Paul et ses parents avaient beaucoup bourlingué dans Paris. Après la rue du Colisée, après le Passy de son âge tendre, puis la rue de Dunkerque, ce fut enfin le 80, boulevard de Magenta, dont Fargue dit qu'il y serait encore si la Compagnie des Chemins de fer de l'Est ne les

1. Charles-Louis Philippe (1874-1909), auteur en outre de *Marie Donadieu*, de *Croquignole*, et *La Mère et l'Enfant*.

avait expropriés pour étendre ses emprises ferroviaires. Logés rue Château-Landon dans l'environnement de La Chapelle, « ce pays d'un merveilleux lugubre et prenant, ce paradis des paumés, des mômes de la cloche [...] Éden sombre, dense et nostalgique ».

> Contrairement à une légende entretenue dans la cervelle des jeunes bacheliers par des papas casaniers, La Chapelle, écrit-il, n'est ni un quartier de crimes ni un quartier de punaises. C'est un endroit charmant, et même sérieux.

Fargue traînasse parmi les canaux, les usines, les Buttes-Chaumont, le port de La Villette, écoute au loin « le bruit du métro aérien de la ligne Dauphine-Nation, pareil à une plainte de zeppelin ».

Dînant chez Drouant en compagnie de Colette, des libraires Adrienne Monnier et Sylvia Beach, de la salonnarde Marie-Louise Bousquet et du dandy Jacques Porel, il fascine la tablée par le récit de ses promenades nocturnes. Colette veut découvrir à son tour ces curiosités insolites. Alors il commande des voitures au chasseur en lui jetant son injure du moment : « Gallimarde ! des taxis ! »

Fargue entraîne ses amis à Belleville, rue des Envierges, à la drôle de maison dite du « zouave opiomane », à La Villette, rue de Tanger et rue de la Charbonnière, où prospèrent les auberges d'amour, maisons d'abattage à prix fixe, pour étreintes expéditives. Enfin, les vagabondages de Fargue ne peuvent s'achever sans une immersion dans l'atmosphère humide et fumeuse de son cher canal Saint-Martin,

> [...] glacé comme une feuille de tremble et si tendre aux infiniment petits de l'âme, il a toujours nourri de force et de tristesse mon cœur et mes pas.

VOYAGE AUTOUR DE SA CHAMBRE.

Immobilisé, Léon-Paul Fargue parcourt inlassablement le Paris de sa mémoire. Figé sur son lit, il enchante ses visiteurs par les récits — promenades fantasmagoriques — de ses lieux favoris : Montmartre, Montparnasse, Saint-Germain-des-Prés, la Mouffe, La Chapelle, Charonne, ou Barbès. Il peste de ne pouvoir descendre au bistrot commander son traditionnel sandwich de veau, accompagné de son quart Vichy bien chambré ; de ne plus s'asseoir chez Lipp, comme un Anglais à son club, où ne l'attendent plus ses premiers compagnons de banquette, messieurs les archivistes-paléographes, Longnon, d'Espezel et Bouteron[1], « archivasses-paléogriphes », avatar préféré de Fargue pour désigner ces personnages sortis tout droit d'une pièce de Giraudoux. Il fulmine de ne pouvoir aller s'asseoir à la terrasse des Deux-Magots de son « cher Saint-Germain-des-Prés, où les ratés de l'aventure et les hurluberlus de l'Art

1. Jean-Baptiste Longnon, né en 1887. Historien, bibliothécaire du musée de Condé à Chantilly. — Pierre d'Espezel, né en 1895. Historien, conservateur en chef du Centre de documentation. — Marcel Bouteron, né en 1877. Érudit, directeur des biblioheques de France.

ont la chance exceptionnelle de pouvoir siroter leur verre entre un prince de l'esprit et un voyou de cinéma ».

Il ne cesse de fumer, bien qu'on lui ait interdit le tabac, sa cigarette glisse de sa main paralysée perçant les draps « brûlés comme des drapeaux valeureux ». Poètes, romanciers, artistes, Parisiennes chez qui Léon-Paul trouvait si drôle d'arriver pour dîner au moment du dessert, se pressent chaque jour autour de son lit où s'agitent, dès son réveil, une infirmière et Chériane.

Chez lui, la poésie est à fleur de peau. Il a tôt fait d'embarquer ses visiteurs sur le vaisseau de Calliope pour aborder aux rives de Villon, de Baudelaire ou de Rimbaud. La mèche noire collée sur le front, la paupière orientale, la cigarette Black-Cat jaunie au coin de la lèvre, on entend, alors, sa voix métallique et froide :

> Or moi, bateau perdu sous les cheveux des anses,
> Jeté par l'ouragan dans l'éther sans oiseau,
> Moi, dont les Monitors et les voiliers des Hanses
> N'auraient pas repêché la carcasse ivre d'eau [1].

Il rampe, dit-il, au chevet de sa vie. « Tant que la maladie sera là, avec son état-major et ses troupes d'occupation, je resterai à l'affût. » Dans sa thébaïde de patience et de méditation se glisse parfois dans sa ruelle quelque fâcheux. L'impertinent interroge :

1. Arthur Rimbaud : *Le Bateau ivre*. Fargue s'émerveillait que Rimbaud l'ait écrit sans avoir vu la mer.

— À partir de quand, cher Maître, avez-vous eu le sentiment de vieillir ?

— À partir du moment où vous êtes arrivé.

Il n'y a pas d'âge, disait-il, la jeunesse, c'est la santé, la vitalité, le talent.

En 1946, jeune écrivain de vingt-six ans, Jean Dutourd se souvient de sa visite à Léon-Paul Fargue. Désirant faire la connaissance de l'auteur du *Complexe de César*, premier ouvrage du futur académicien, il lui demande de passer le voir :

> Posé comme une grosse idole sur son lit, raconte Dutourd, une cigarette éteinte à la bouche, les yeux à moitié fermés [...] En entrant dans le petit appartement du boulevard Montparnasse, où habitait Léon-Paul, dans lequel les plus grands artistes de notre temps et les mondains les plus princiers avaient laissé comme des sortes d'effluves luxueux, j'eus le sentiment fugitif que le destin m'avait conduit dans le monde auquel j'avais envie d'appartenir sans savoir qu'il existait, qu'il était même si réussi et qu'il n'y avait rien de plus à faire pour y accéder que de prendre le métro et de descendre à la station Duroc[1].

Désormais Fargue entre en mémoire comme on entre en loge, rêveries horizontales où « il tend la main aux souvenirs comme on cherche sur sa table de chevet le verre d'eau, la cigarette ou le soporifique ».

1. Jean Dutourd, préface à *Vingt ans avec Léon-Paul Fargue* d'André Beucler. Mémoire du Livre, 1999.

Son ami Henri Vergnolle[1] aimait à rappeler le trajet de Fargue entre le hall de l'hôtel de la rue du Four, où il habitait alors, et l'urinoir central de Saint-Germain-des-Prés :

> Levé à cinq heures de l'après-midi, prêt vers sept, dehors à huit, il faisait à neuf son entrée chez Lipp où il était attendu depuis six.

Après son attaque, le flâneur foudroyé dit à André Beucler :

> À force de me retourner dans mes draps ou de marcher jusqu'à ce fauteuil, j'ai l'impression d'avoir traversé des villes et des villes. Mes projets ? Continuer de pêcher dans le passé.

Fargue est plus que jamais un chercheur de variations baudelairiennes,

> sa mémoire, que de longs jours de maladie transforment en veilleuse de nuit, en réveille-matin, est devenue un mécanisme d'horlogerie.

Un philosophe du XIXe siècle prétendait que la jeunesse consiste à savoir oublier constamment les heures de joie enfuies. Sachons oublier sans cesse le bonheur perdu, disait Fargue, et nous arriverons à ne pas vieillir.

L'œuvre du chantre de Paris n'a pas pris une ride.

1. Henri Vergnolle, président du conseil municipal de Paris en 1935-1939.

Blaise Cendrars, bourlingueur de Paris

LIBERTÉ, LIBERTÉ CHÉRIE.

En arrivant à Paris en octobre 1910, Frédéric Sauser et sa compagne Féla descendent à l'hôtel des Étrangers, 216, rue Saint-Jacques, et louent la chambre la moins chère, sans savoir comment ils pourront la payer. Celui qui signera d'abord Sausey, puis Cendrars, ne vient pas comme un blanc-bec conquérir Paris ; non, il arrive dans la capitale pour vivre, observer, déambuler, errer, aimer, et bien sûr écrire. Pauvre, mais déjà conscient de la richesse de ses dons et de ses prédispositions à embrasser l'univers, Paris, comme Londres, Berne, Saint-Pétersbourg, ou New York ne seront pour lui que des particules de son rayonnement cosmique.

En 1904, l'adolescent de quinze ans a fui la pression familiale, en montant dans un train le conduisant à « seize mille lieues du lieu de sa naissance » libre de prendre en main sa destinée prodigieuse.

« J'ai plus de souvenirs que si j'avais mille ans », pourra-t-il dire, un jour, après Baudelaire.

Ce n'est pas la première fois que ce jeune Suisse de vingt-trois ans, né à La Chaux-de-Fonds le 1er septembre 1887, vient à Paris. Adolescent de treize ans, il est venu en 1900, accompagné de ses parents, visiter l'Exposition universelle.

Il se souviendra des voitures luxueuses, destinées au Transsibérien, de la Compagnie internationale des Wagons-lits exposées devant la tour Eiffel, les belles voitures-restaurants, voitures-salons, sleepings. Dans un cadre évoquant la gare de Moscou-Iaroslav, des garçons au crâne rasé, portant la blouse serrée à la taille, accueillaient les voyageurs pour un déjeuner dans l'express au décor de marqueteries et de miroirs. Attablé devant quelques zakouskis, quelle surprise de voir défiler, dans la fenêtre, le paysage sibérien !

Quatre toiles peintes, d'un réalisme étonnant, se déroulaient à différentes vitesses : l'une simulant le ballast pierreux ; une autre des haies et des arbustes pour les plans moyens ; la troisième évoquant le lointain, où isbas, traîneaux dans la taïga se découpaient sous le ciel plombé de l'horizon.

Après le repas — bortsch classique et bœuf Stroganov traditionnel —, on arrivait sans avoir quitté les pieds de la tour Eiffel. Pékin, tout le monde descend ! Sur le quai de la gare chinoise, le personnel, en vêtements de soie bariolée, natté de longues tresses noires, prenait alors congé des voyageurs de ce train illusoire, avec la politesse exquise des autochtones du Céleste Empire[1].

Paris-Pékin sur les bords de la Seine ; parcours prémonitoire pour le futur auteur de *La Prose du Transsibérien.*

Dans le Paris de 1911, Freddy et Féla Poznanska, sa jeune compagne polonaise, totalement démunis, crèvent de faim. Le peu d'argent que Freddy grappille passe dans l'achat de livres : Remy de Gourmont, Nerval, Chamfort... Ils décident alors de tenter de mener ailleurs une existence moins misérable. Féla part pour les États-Unis où elle enseignera, Freddy pour la Russie ; il cherchera un emploi à Saint-Pétersbourg. Pour survivre, il donnera des leçons de français et d'allemand, tout en travaillant à plusieurs projets de livres.

Une aubaine, un ami lui fait parvenir un billet pour New York. Il prend la mer, heureux d'aller rejoindre Féla.

De retour en 1912 après un mois de mer à bord du *Volturno*, il débarque du navire à Rotterdam, le 14 juillet 1912. À Paris, le peintre Richard Hall, père de sa belle-sœur, lui prête son atelier au 4 de l'avenue Victor-Hugo : deux pièces immenses richement décorées et meublées se faisant suite, éclairées par de vastes verrières. Logé, certes, mais pas nourri, il se met donc à la recherche d'un tra-

1. Paul Morand (1888-1976), dans son livre *1900* (Flammarion), raconte son déjeuner dans le Transsibérien de l'Exposition. On aime à imaginer que ces deux géants de la littérature française du XXe siècle auraient pu se rencontrer dans le wagon-restaurant.

vail qui lui laisserait un temps suffisant pour écrire. Féla lui manque. Son absence le torture. Il lui confie dans ses lettres : « Je t'aime, je deviens fou, je t'attends trop. »

À NOUS DEUX PARIS.

Contraint de quitter l'atelier de l'avenue Victor-Hugo, il loue deux mansardes au dernier étage au 4 de la rue de Savoie. L'une sert de domicile, l'autre de siège social aux éditions Les Hommes Nouveaux, créée avec deux amis pour éditer une revue éponyme.

Freddy reprend contact avec Paris, lit régulièrement les chroniques de critique littéraire et d'art du quotidien *L'Intransigeant,* signées Guillaume Apollinaire. En prenant la défense des cubistes, ces peintres vilipendés par la critique officielle, Apollinaire lui apparaît l'homme de l'avant-garde, luttant contre les caciques du conformisme. Emprisonné naguère — soupçonné à tort d'être mêlé au vol de la *Joconde,* le 22 août 1911 —, il bénéficie, aux yeux de Freddy, d'une renommée ambiguë stimulante. C'est donc à lui qu'il décide d'adresser l'un de ses manuscrits entassés dans sa valise.

Peu satisfait de son nom, ni du pseudonyme de Sausey, il adopte un nouveau patronyme : Cendrars[1] : Blaise Cendrars, Blaise comme

1. Les éléments concernant la vie de Blaise Cendrars sont tirés de la biographie de Miriam Cendrars (Éditions Balland).

braise, Cendrars comme cendres ; la braise sous la cendre ?

Il recopie son poème *Les Pâques*, composé à New York ; le date des 6-8 avril 1912 ; le signe de son nouveau nom ; ajoute un mot priant Apollinaire de bien vouloir prendre la peine de le lire puis porte le pli à l'adresse du poète au 10, rue La Fontaine. Aucune réponse ne lui parvient. Voici l'été, la canicule a chassé les Parisiens de la capitale. Il visite les rédactions des revues pour tenter de caser ses poèmes[1], mais fin juillet il n'a obtenu aucune réponse positive. C'est la débine la plus absolue.

Tandis que l'absence de Féla l'obsède, un ami l'entraîne à la Ruche, cité d'artistes fondée par le sculpteur Alfred Boucher, plus connu pour sa philanthropie que pour sa statuaire. Le bâtiment principal n'est autre que la rotonde du pavillon des vins de la précédente Exposition universelle, remontée à Montparnasse au 2 de la rue de Dantzig aux frais de Boucher. Les artistes y occupent de petits ateliers, alvéoles au confort dérisoire, munies d'un lit et d'un coin cuisine. Véritable tour de Babel d'artistes obscurs, venus d'horizons divers, cautionnés par Apollinaire, leur consacrant articles et chroniques dans différents périodiques. Cette École de Paris nouvelle groupe les sculpteurs Archipenko, Lipchitz, Zadkine ; les peintres

1. On a dit que le *Mercure de France* lui ayant fait savoir que les poèmes paraissant dans la revue n'étaient pas rémunérés alors que les textes en prose étaient payés, il aurait répondu en donnant ses poèmes : « Foutez-les en prose et donnez-moi cent sous. »

Soutine, Léger, Modigliani, un Russe de Vitebsk, Marc Chagall, solitaire et reclus, dont les toiles n'ont encore été montrées à personne. Chagall doute. Il s'est inspiré un temps du cubisme, le mouvement à l'ordre du jour illustré par le trio Picasso, Braque, Gris, mais il a décidé de ne pas poursuivre dans cette voie, de peindre un monde imaginaire puisé dans le folklore des bords de la Dvina, où il a passé son enfance. Blaise s'enthousiasme pour cette peinture singulière, s'entretient en russe avec Chagall, l'exhorte à persévérer de peindre son univers poétique, sincère, insolite et incontestable.

En avril 1911, les toiles des cubistes ont fait scandale au Salon des Indépendants. Blaise avait suivi dans les journaux le tumulte provoqué par l'accrochage des toiles de Delaunay, Metzinger, Gleizes, Léger. Sous la signature de Georges Rivier, *Le Journal des arts* avait publié alors un compte rendu virulent :

> Ces toiles cubistes ne sont pas autre chose que d'effroyables visions de fous ou de maniaques.

Guillaume Apollinaire, seul critique d'art à soutenir la peinture nouvelle, avait affronté l'hostilité générale avec vaillance. Blaise, encore peu informé des mouvements picturaux, avait pris le parti de la « sauvagerie et de la barbarie » contre l'académisme étriqué des pompiers de service du Salon.

Les jours s'écoulent, hélas, sans un signe d'Apollinaire à l'envoi du poème de Cendrars. Ce dernier désœuvré erre dans Paris ce 12 septembre 1912. En passant devant la librairie Stock, place du Palais-Royal, il remarque parmi les livres proposés à l'étalage, *L'Hérésiarque et Cie* d'Apollinaire paru en 1910. Le livre lui fait très envie, mais il est sans un sou, il se contente de compulser l'ouvrage. Puis tout à coup, convaincu de n'être point observé, il glisse le livre dans sa poche. Comme il veut s'éloigner, un agent de police l'interpelle : « Dis donc, toi, tu l'as payé ce livre ? » Le libraire voit la scène, se précipite tandis que les passants s'attroupent. On emmène Blaise au commissariat de police, on l'enferme dans une cellule avant de le transférer au dépôt. Frédéric Sauser n'est plus qu'un pauvre chapardeur. Affolé, il veut appeler Apollinaire à son secours. N'est-ce pas en volant un livre de lui qu'il se trouve en détresse ? Il pourra le comprendre, lui aussi a connu le cachot.

On lui donne du papier, il écrit à l'auteur de *L'Hérésiarque*, lui rappelle qu'il est le poète des *Pâques*, en le suppliant de faire quelque chose pour lui.

On n'embastille pas l'escamoteur d'un si petit larcin. Il est libéré quelques heures plus tard. Triste et penaud, il retourne à pied rue de Savoie pour gagner sa mansarde.

RENCONTRES DE HASARD À PARIS.

Blaise est attendu au Club libéral de discussion au Restaurant Jules, au 6 du boulevard de Magenta, où il a promis de prendre la parole à la réunion rituelle du vendredi. Le camarade Sauser — ici, il n'est pas connu sous son nom de poète — a choisi pour thème de sa causerie : « La Beauté devant l'anarchisme ». Ses amis libertaires écoutent sa conférence exaltant la divinité de la Vie, plus impressionnés par le niveau métaphysique de son discours, que réellement pénétrés de sa thèse. Dans l'auditoire, il retrouve le camarade Kibaltchiche, toujours très convaincu du génie de Blaise. Sous le nom de Victor Serge, il traduira en russe *L'Or*, le premier roman de Blaise Cendrars.

Fernand Léger a quitté la Ruche pour s'installer dans un atelier rue de l'Ancienne-Comédie. Cendrars prend prétexte de l'article sur la « Section d'or »[1] paru dans le *Gil Blas*, pour lui rendre visite. Critique d'art du quotidien, Louis Vauxelles réprouve sans ambiguïté les œuvres exposées à la galerie La Boétie ; les deux compères s'amusent à noter la phraséologie du censeur, reprenant à l'identique celle avec laquelle il avait fustigé les tableaux de l'exposition des Fauves de 1905.

Léger engage Blaise à rencontrer Robert Delaunay. Alors que les cubistes sont avares de couleurs, Delaunay, passionné de polychromie, bouillonnant et sensuel, ne peut s'astreindre à la discipline intellectuelle du groupe. Il avait exposé

1. *Section d'or*. Groupe artistique créé et baptisé par Jacques Villon en 1912. De jeunes artistes, inquiets des conséquences formelles que pouvait avoir le cubisme, se réunissent à Puteaux chez l'artiste. Une exposition des peintres de la *Section d'or* et du *cubisme* (sans Braque, ni Picasso) a lieu à la galerie La Boétie, en octobre 1912.

en 1910 trois tours Eiffel rayonnantes de couleurs, d'un lyrisme exaltant. Ce nouveau courant baptisé Orphisme par Apollinaire incite Blaise à s'initier aux diverses techniques picturales ; il pressent bien vite les rapports étroits qu'entretiendront peinture et poésie[1].

Ne doutant plus de la place qu'il occupera bientôt dans le paysage littéraire de Paris, Blaise répugne, cependant, à s'embrigader dans un mouvement ou une coterie. Il ne se mêle pas aux gens du *Mercure de France* du café Les Trois Portes, ni aux épigones de Paul Fort de la Closerie des Lilas, pas plus qu'aux littéraires du café Fleurus ou du Procope, où l'on se soucie, un peu plus chaque jour, de porter en terre le symbolisme. On ne le voit pas davantage chez Misia Edwards (qui deviendra Misia Sert), mécène des Ballets russes, muse des Diaghilev, Nijinski, Stravinski, ni dans les salons de certaines égéries mondaines où sont adulés littérateurs et musiciens à la mode.

Blaise est plus connu des familiers des cafés de Montparnasse que des salons, où son côté provocateur, son impertinence, ses propos libertaires feraient fuir rapins rupins et gendelettres gourmés.

Depuis quelque temps, Blaise se rend régulièrement dans le quartier des Batignolles où demeure au 17 de la rue du Mont-Dore Mme Duchâteau. Sa fille Raymone, « plus belle que le ciel et la mer », l'a ébloui et conquis. Mamanter-

1. Sonia, épouse de Robert Delaunay, et Blaise Cendrars feront paraître, en tirage limité, *La Prose du Transsibérien et de la petite Jehanne de France,* premier livre simultané.

nelle, comme il surnomme Mme Duchâteau, est fascinée par les récits de voyages que Blaise conte si bien. Le poète-vagabond quitte fréquemment sa mansarde de la rue de Savoie pour savourer le calme de l'appartement modeste de la rue du Mont-Dore, dont les meubles bien astiqués exhalent un doux parfum provincial. Blaise aime retrouver l'atmosphère familiale entourant la jeune fille. Depuis que son regard s'est posé sur Raymone un soir de septembre 1917 à la terrasse du Napolitain, le café fameux des Grands Boulevards, il est subjugué par elle. En extase devant son visage au teint frais, le regard de ses grands yeux bruns souvent ironiques, il écoute sa voix enfantine et les gestes de ses mains ravissantes ; le coup de foudre a été immédiat. Il fait sa cour, avec la permission de Mamanternelle, sort avec la jeune fille, en parfait gentleman.

Raymone est un peu fiérote de plaire au poète dont les œuvres font l'objet de lectures au Théâtre du Vieux-Colombier et aux soirées poétiques de la Salle Huyghens[1].

Elle aime la chaude amitié de Blaise, respectueux de la jeune et fraîche demoiselle virginale.

1. Dans l'atelier du peintre suisse Émile Lejeune, 6, rue Huyghens, Blaise Cendrars et Jean Cocteau organisent, en 1916, sous le label *Lyre et Palette,* des lectures de poèmes d'Apollinaire, Reverdy, Max Jacob, Salmon. D'autres soirées sont consacrées à des concerts : Ravel, Satie et à de jeunes musiciens que Cocteau baptise *Groupe des Six* (Auric, Durey, Honegger, Milhaud, Poulenc et Tailleferre).

CENDRARS, LE CONQUISTADOR.

1924. — Les jeunes Brésiliens réservent un accueil triomphal à Blaise Cendrars dès son arrivée à São Paulo. Pour eux, il est une sorte de héros de l'avant-garde littéraire et l'incarnation de l'esprit nouveau. Le livre *Du monde entier*, contenant les trois poèmes fameux : *Les Pâques, Prose du Transsibérien et de la Petite Jehanne de France, Le Panama,* édité à Paris par Les Éditions de la Nouvelle Revue française, amène une sorte de révolution dans les idées du mouvement moderniste.

Pendant la traversée du retour, dans la cabine n° 2 du paquebot *Gelria*, Cendrars pense à la jeune fille de la rue du Mont-Dore ; a-t-elle eu la patience de l'attendre ? C'est à elle qu'il voudrait, après ces neuf mois d'absence, révéler les images et les parfums de cette Amérique du Sud qu'il a explorée, au volant d'une Torpedo Ford prêtée par un ami brésilien. Est-ce une feinte indifférence ? Raymone ne semble jamais surprise de le voir réapparaître sur le quai d'une gare, d'un port, dans sa loge du Théâtre de l'Athénée, où elle joue dans la troupe de Louis Jouvet, ou venant sonner à la porte du 17 de la rue du Mont-Dore. Brèves rencontres avant de fuir Paris pour sa maison du Tremblay-sur-Mauldre.

À Paris, les éditions Au Sans Pareil attendent les poèmes de voyage ; Grasset compte sur *Moravagine* ; mais il a mis en route : *La Merveilleuse Histoire de Johann August Suter*, qui paraîtra sous le titre simplifié de *L'Or*. Il a déjà en tête un autre ouvrage ; ce sera *Le Plan de l'aiguille.*

1925. — Paris est une fête. Les femmes se font couper les cheveux, se libèrent de leur corset, les Parisiens s'extasient devant les œuvres des surréalistes : Arp, De Chirico, Max Ernst, Klee, Miro, exposées à la Galerie Pierre[1] ; le Tout-Paris se presse chez le comte de Beaumont pour assister à des bals extravagants ; découvre Joséphine Baker, plus que découverte, dans La Revue nègre ; d'autres : Cocteau, les Hugo (Jean et Valentine), Auric, Poulenc, Max Jacob, Jacques Porel, Picasso, Satie, se rencontrent au Bœuf-sur-le-Toit, le bar à la mode de la rue Boissy-d'Anglas, où, sur leurs pianos jumeaux, Wiener et Doucet jouent les derniers standards de Broadway.

Cendrars redoute ce tourbillon parisien, s'isole dans la petite maison du Tremblay-sur-Mauldre, cet Oustao — baptisé ainsi par Raymone — où l'attendent sa machine à écrire et ses manuscrits. On le verra aussi, de temps à autre, à Biarritz chez son amie et mécène, Eugenia Errazuriz[2] ; sur la Côte d'Azur dans la villa du peintre américain Gerald Murphy[3], à La Garoupe au cap d'Antibes avec Picasso, Léger, Stravinski, Hemingway, Dos Passos, Scott Fitzgerald, et le musicien Cole Porter.

1. Ouverte le 14 septembre 1925, l'exposition présentait le tableau fameux de Max Ernst *Le Rendez-vous des amis* sur lequel sont portraiturés : Crevel, Soupault, Arp, Morise, Péret, Aragon, Breton, Baargeld, De Chirico, Eluard, Desnos. Quant à Ernst, il s'est représenté assis sur les genoux de Dostoïevski.

2. Eugenia Errazuriz (1860-1952), chilienne, a passé sa vie en France. Mécène de Picasso, Stravinski et Cendrars (voir *Le Mécénat de Mme Errazuriz* de Alejandro Canseco-Jerez (L'Harmattan).

3. Gerald Murphy (1888-1964).

On sait qu'il est de retour à Paris, quand on aperçoit son Alfa-Romeo rouge foncer dans les rues du quartier des éditeurs. Cendrars la conduit de sa main unique, lâche le volant pour allumer sa cigarette en roulant, pour la plus grande frayeur de son passager.

1929. — Après plusieurs voyages au Brésil, sa terre de prédilection, Blaise pose sa besace à l'Alma Hôtel, 12, avenue Montaigne en face du Théâtre des Champs-Élysées. Assis à la terrasse du café voisin, il ne passe jamais inaperçu ; des passants saluent l'écrivain voyageur légendaire, dont Fernand Divoire trace un portrait cocasse dans le journal *Le Peuple*.

> J'aime Cendrars ; j'aime son visage rasé de Pierrot cramoisi cuit au court-bouillon, aux fumées, aux feux de bivouac ; j'aime ses yeux bleus d'enfant, sa façon de poser un feutre quelconque sur l'arrière de sa tête aux cheveux rasés ; sa façon de gratter une allumette sur la boîte que maintient son moignon droit, sa façon de prendre une bouteille de vin, et de dire aux gens ce qu'il pense et de se refuser à tout ce qui déshonore un poète.

Le Sans Pareil publie cette année-là *Le Plan de l'Aiguille* et *Les Confessions de Dan Yack*.

De 1930 à 1935, Cendrars est journaliste : grands reportages pour *Excelsior*, puis pour *Paris-Soir*, le quotidien récemment lancé par Jean Prouvost au tirage de plus d'un million d'exemplaires. La rédaction en chef est confiée à un journaliste de vingt-cinq ans : Pierre Lazareff. Celui-ci fait appel à Cendrars, qu'il considère comme un spécialiste de la pègre, un copain des aventuriers, et le poète du Transsibérien. Un premier reportage paraîtra en janvier 1935.

UN AMI QUI LUI VEUT DU BIEN : HENRY MILLER.

Lorsque, ce 27 novembre 1934, Blaise reçoit un paquet accompagné d'une lettre en anglais, il se demande qui vient le tracasser pendant son séjour à Paris. La lettre est signée d'un nom ordinaire pour un Américain : Henry V. Miller.

> Cher M. Cendrars [la lettre est écrite en anglais], je vous envoie par ce même courrier un exemplaire de mon livre *Tropique of Cancer* — à l'adresse qui m'a été donnée par M. Bradley[1]. Considérez-le, je vous prie, comme un remerciement insuffisant pour le grand plaisir que m'a donné la lecture de vos livres…

Curieusement l'ouvrage n'a pas été publié aux États-Unis mais édité en France, à Paris par The Obelisk Press, au 228 de la rue Saint-Honoré. En prenant son petit déjeuner, Blaise jette un œil sur les premières pages puis, captivé, ne referme le livre qu'une fois sa lecture achevée. Il décide d'aller voir l'auteur.

Lorsqu'il arrive au 18 de la villa Seurat dans le XIVe arrondissement, Cendrars, avec sa trogne

1. William A. Bradley, célèbre agent littéraire américain de Paris. Entre les deux guerres, il impose aux États-Unis les écrivains de « la génération perdue », réunis à Montparnasse.

ravagée et sa manche flottante, n'a aucun mal à être identifié immédiatement par Miller.

L'année suivante, Miller, de retour à Paris, lit dans le n° 4, daté du 1er janvier 1935, de la revue *Orbes* dirigée par Jacques-Henry Lévesque, la première critique consacrée à son *Tropique du Cancer*. Elle est enthousiaste, et commence par ces mots :

« Un écrivain américain nous est né » ; elle est signée Blaise Cendrars : « Livre royal, livre atroce, exactement le genre de livre que j'aime le plus », poursuit-il, partageant avec l'auteur la mémoire des jours misérables vécus dans une ville étrangère.

Excellente occurrence, pour le trio Cendrars-Miller-Lévesque, d'une équipée très arrosée dans les bistrots de Montmartre. Après quoi, Blaise filera en reportage à Hollywood.

Quatre années seulement séparent les deux écrivains, mais Miller considérera toujours Cendrars comme son grand aîné et son maître. Cela apparaît clairement dans la correspondance échangée par les deux écrivains[1], qui se poursuivra jusqu'à la disparition de Blaise en 1961.

PROJETS, PLANS ET DESSEINS DE BLAISE CENDRARS.

1936. — Cendrars revient à Paris au moment où le Front populaire prend le pouvoir. Une collec-

1. Blaise Cendrars-Henry Miller, *Correspondance 1934-1979 : 45 ans d'amitié*, établie par Miriam Cendrars, introduction de Frédéric-Jacques Temple, notes de Jay Bochner, Denoël, 1995.

tion publiant des pamphlets lui demande une chronique. Cendrars l'intitule *Le Bonheur de vivre* — on ne sait si ce texte a été publié —, on a retrouvé la première phrase, elle est virulente contre le gouvernement nouveau. Le souvenir des événements de Russie de 1905 laisse augurer à Cendrars les pires calamités d'un pouvoir allié aux communistes.

En Espagne, la victoire du *Frente Popular* conduit le pays à la guerre civile. L'Allemagne nazie envoie à Franco la Légion Condor, tandis que Mussolini se solidarise avec Hitler contre les républicains. *Gringoire*, le journal fascisant de Horace de Carbuccia, envoie Blaise en Espagne. Il part de Biarritz le 3 septembre et revient le 12 octobre à Paris. Mais Carbuccia, peu convaincu par le reportage de Cendrars, ne lui consacre pas la « une » du journal. Qu'importe, puisque les lecteurs de *Paris-Soir*, du *Jour*, de *Candide*, se passionnent pour ses nouvelles, histoires brèves inspirées à Blaise par ses aventures de voyages.

1937-1938-1939. — Années de grande solitude ; Blaise ne voit plus Raymone ; son divorce est prononcé ; Féla rejoint sa belle-sœur à New York ; son fils Odilon termine son service militaire ; sa fille Miriam s'est mariée en Angleterre. Il se sent libéré de cette famille qu'il n'a jamais voulue. Raymone s'est éloignée ; elle joue dans la troupe de Jouvet des pièces de Jean Giraudoux. Volga est morte, la chienne aimée de Blaise est enterrée au pied d'un magnolia dans le jardin d'Eugenia Errazuriz à Biarritz. En 1939, Blaise prend prétexte de la mort d'Ambroise Vollard, pour écrire à Raymone et tente de la revoir. Elle lui répond : C'est encore toi ?

Sa solitude le plonge dans le désespoir.

Revenant d'une chasse aux fauves en Afrique, Élisabeth Prévost, qui a vingt-deux ans, entre dans sa vie. Blaise est séduit par l'existence aventureuse de cette excellente cavalière, vêtue comme un homme, androgyne et virginale, et qui a une voix de garçon. C'est son ami Pierre Pucheu[1] qui la lui a présentée. Les voilà copains, amitié familière et respect mutuel les unissent. Engagée par Louis Jouvet comme administratrice de sa tournée en Amérique du Sud, l'amazone aux grands yeux de saphir fait donc la connaissance de Raymone.

Blaise rejoint Élisabeth dans les Ardennes. Il y termine la traduction de *A Selva,* le roman portugais de Ferreira de Castro, *Forêt vierge.*

Au mois de juin 1938, Miller se prépare à quitter Paris. Blaise va lui faire ses adieux dans son hôtel de la porte d'Orléans. Ils boivent un dernier verre à la terrasse et Blaise donne à son ami informations et conseils utiles avant son départ pour la Grèce.

Au siège de Radio-Luxembourg, rue Bayard, à une encablure de l'Alma Hôtel de l'avenue Montaigne, Cendrars et Paul Gilson, poète, journaliste et écrivain, se lient d'amitié. Gilson demande à Jean Masson, le directeur des programmes, d'exa-

1. Pierre Pucheu (1899-1944), ministre du gouvernement de Vichy en 1941, rejoint le général Giraud à Alger en 1943. Arrêté par les autorités gaullistes, il est fusillé à Hussen Dey en 1944.

miner la participation de Cendrars : Jean Cocteau, Léon-Paul Fargue, Robert Desnos collaborent déjà aux émissions. Blaise, silencieux, les écoute, il veut comprendre la technique radiophonique avant d'adapter *L'Or* pour la T.S.F.

Alors qu'il forme un vaste projet : faire le tour du monde en 365 jours en compagnie d'Élisabeth Prévost, à bord d'un des derniers grands voiliers. Méticuleux, il a tout prévu : armement, pharmacie, budget et puis déposé son testament chez le notaire : l'Alfa-Roméo à Raymone, ses photos à Jacques-Henri Lévesque. L'appareillage est fixé au 7 septembre 1939.

> Hélas ! écrit-il, à cette date je me trouvais dans les Ardennes en qualité de correspondant de guerre et le trois-mâts n'a pas appareillé.

Pendant ses permissions, il vient à *Paris-Soir*, retrouve ses amis Raymond Mannevy et l'écrivain Pierre-Jean Launay. Lorsque celui-ci sera mobilisé à Argentan, Blaise ira le voir et le promènera dans la vieille Alfa-Roméo.

Puis ce sera le départ pour l'Angleterre, la visite des bases anglaises de l'Ouest, l'Angleterre lui réservant une surprise : les retrouvailles avec Miriam, sa fille.

Les reportages du correspondant de guerre Blaise Cendrars paraissent, du 15 février au 30 avril 1940, dans les principaux quotidiens de province. Son livre *Chez l'armée anglaise* pour les Éditions Corrêa est imprimé, *D'Oultremer à Indigo* est prêt à la distribution chez Grasset.

Alors que les premières bombes tombent sur Paris, Blaise embarque Mamanternelle et Raymone dans l'Alfa-Roméo. Il roule à tombeau ouvert vers Marseille pour les mettre à l'abri chez une parente.

Le 16 mai, l'avion de son fils Rémy est abattu par la défense aérienne et tombe dans les lignes allemandes. Tout s'enchaîne rapidement. Le 17 juin, dans l'hébétude générale, Pétain annonce à la radio qu'il a demandé l'armistice.

1940-1943. — Cendrars est à Aix-en-Provence pendant qu'à Paris Grasset stocke le dernier ouvrage de Blaise, *D'Oultremer à Indigo*. Le cœur des Français n'est guère à la lecture. Quant au volume intitulé *Chez l'armée anglaise*, sa couverture bleu, blanc, rouge est repérée par les Allemands. Ils en interdisent la diffusion et l'envoient au pilon. À Paris, on fait courir le bruit que Cendrars est juif. Blaise garde près de lui ses revolvers et une dose de cyanure ; plutôt la mort que l'arrestation.

Féla est revenue des États-Unis ; juive, elle se cache pendant quelque temps à Aix. Étranges destins ; ces deux êtres se sont aimés à la folie, ils se côtoient à la terrasse ombragée du café Les Deux Garçons du cours Mirabeau, mais ils s'ignorent.

LA JEUNESSE DÉCOUVRE LE MANCHOT MAGNIFIQUE.

Après *La Main coupée* (1946), la publication de *L'Homme foudroyé*, en 1947, remporte un grand succès. Des jeunes hommes écrivent à Cendrars leur admiration. À Big Sur, en Californie, Miller reçoit les journaux français et, de loin, assiste à l'apothéose de Cendrars. Pris dans un tourbillon d'émissions de radio, d'interviewes, de cocktails chez Denoël, Blaise est étourdi. Il part pour Saint-Segond pour y travailler.

Bourlinguer paraît en 1948, *Le Lotissement du ciel* en 1949, puis, en 1956, *Emmène-moi au bout du monde* : un événement littéraire. Paris en raffole, et pour cause : une chronique sans construction, avec personnages réels, identifiables. Mais Cendrars avertit :

> J'espère bien que personne n'aura l'inélégance d'y appliquer les clefs, les clefs du mensonge ni n'aura la pauvreté de s'y reconnaître en regardant le voisin par le trou de la serrure.

L'ADIEU AU LARGE.

1961. — Blaise Cendrars habite avec Raymone au 24 de la rue Jean-Dolent, face au mur de la prison de la Santé. Sinistre horizon pour le bourlingueur qui ne peut plus guère se déplacer. André Malraux vient chez lui pour lui remettre la cravate de Commandeur de la Légion d'honneur. La Ville de Paris lui a décerné son Grand Prix littéraire.

On lui trouve un rez-de-chaussée dans la rue José-Maria-de-Heredia dans le VIIe arrondissement, pour que, les jours ensoleillés, il puisse aller s'asseoir sur un banc de l'avenue de Ségur contempler — remarque son vieil ami Nino Frank — les drapeaux du monde entier flottant en haut des mâts du bâtiment de l'Unesco.

Le 21 janvier, le médecin annonce que la fin approche. Miriam se précipite dans la chambre où Blaise est alité, elle lui tient la main, tandis que Raymone s'est agenouillée. Alors, le poète Blaise Cendrars s'éteint doucement.

Des Américains à Paris

THE GOLDEN TWENTIES.

En 1924, l'écrivain américain Robert McAlmon estime à deux cent cinquante environ le nombre de ses compatriotes vivant à Montparnasse. Artistes, étudiants, rentiers profitent du change avantageux pour mener joyeuse vie à Paris. Dans *The Quarter*, comme ils disent, *Le Dôme* et *La Rotonde*[1], les deux grandes brasseries du boulevard, constatent cette année-là que la consommation de bourbon du Kentucky a nettement détrôné la vodka des Slaves. Altérés par la prohibition d'outre-Atlantique, les gosiers états-uniens viennent étancher leur soif au carrefour Vavin. Débarqueront à leur suite : médecins, avocats, banquiers, agents immobiliers, pour assurer l'intendance de ces expatriés.

Les mœurs parisiennes sont vite adoptées. Le vin français bu goulûment et apprécié — on ne distingue pas toujours un blanc de comptoir d'un château-d'yquem —, mais qu'importe, les artistes

1. Le Sélect n'ouvrira qu'en 1925 et La Coupole en 1927.

américains savourent surtout, à Montparnasse, une liberté, dont le puritanisme, amplifié par la prohibition, des États-Unis les a frustrés après la Grande Guerre.

Une intelligentsia d'oisifs américains raffinés et cultivés mène une vie frivole se mêlant aux écrivains impécunieux : Harry Crosby, neveu du banquier new-yorkais Pierpont Morgan et sa femme répondant au doux prénom de Caresse, vendent 10 000 dollars[1] d'actions, s'installent à Paris, pour y mener « une vie folle et extravagante » ; le compositeur Cole Porter, riche à millions, possède plusieurs hôtels particuliers, se rend en voiture fastueuse à son château, où il se fait servir par des valets en gants blancs ; Nancy Cunard, petite-fille de Samuel Cunard, l'armateur anglais, s'entiche d'Aragon, se frotte aux surréalistes, puis s'amourache d'Henry Crowder, un musicien de jazz noir, au grand dam de sa famille ; elle se ruine en voulant publier *Negro*, un énorme ouvrage illustré pour lequel elle engage cent cinquante personnes ; Gerald Murphy, dont les parents possèdent aux États-Unis des magasins d'articles de luxe, et sa femme Sara font partie de cette colonie américaine aisée. Tantôt à Paris dans leur appartement du 2 de la rue Greuze, tantôt à La Garoupe au Cap d'Antibes où, découvrant la Côte d'Azur avant Chanel et Cocteau, ils entraînent les peintres et les poètes les plus prestigieux de l'époque,

1. 700 000 euros.

et inspirent à Scott Fitzgerald les héros de *Tendre est la nuit.*

Ceux-là ont tenté de faire de leur propre vie une œuvre d'art, d'autres, laborieux et obstinés, se sont fixé pour objectif d'imposer aux États-Unis, puis au monde entier, la jeune littérature américaine engendrée à Paris.

LES DEMOISELLES DE LA RUE DE L'ODÉON.

Une jeune Américaine venue étudier la littérature française arrive à Paris en 1915. Fille d'un pasteur presbytérien de Princeton, Sylvia Beach, énergique, passionnée, studieuse et ordonnée s'inscrit et travaille à la Bibliothèque nationale. Désirant acquérir les numéros de la revue *Vers et Prose*, elle se rend à la librairie La Maison des Amis des Livres, 7, rue de l'Odéon. Paul Fort, son fondateur, avait cédé l'ensemble des numéros de la revue dont la parution avait cessé en 1914 à Adrienne Monnier. Celle-ci en créant en 1915 cette « véritable chambre magique », a su en faire un lieu accueillant où se rencontrent écrivains et lecteurs. Sylvia sympathise avec la jeune libraire qui l'encourage à ouvrir, elle aussi, une librairie. Après réflexion, Miss Beach ouvre sa « Bookselling » à l'enseigne de « Shakespeare and Company » le 7 novembre 1919, dans une ancienne blanchisserie au 12 de la rue de l'Odéon. Son activité bénéficie rapidement d'une aura littéraire auprès des Anglo-Saxons. Sitôt débarqués, les jeunes écrivains se précipitent chez elle. Beaucoup considèrent sa librairie comme un cercle privé, un salon, où l'on rencontre d'autres écrivains, où l'on peut lire, emprunter des livres, prendre conseil de la charmante libraire, et même y recevoir son courrier.

L'autre point de rencontre des écrivains expatriés est au 27 de la rue de Fleurus. Gertrude Stein, personnage singulier, écrivain et amateur d'art, reçoit, tous les samedis, en compagnie de son amie Alice B. Toklas, dans son appartement, au milieu de ses tableaux signés : Picasso, Renoir, Gauguin, Matisse…

Son frère Léo, collectionneur avisé, visite les ateliers des peintres de Montmartre et de Montparnasse. Dans ses Mémoires, il note :

> Ce qui était étrange en ce temps-là, c'est qu'on pouvait habiter tranquillement à Montparnasse sans jamais entendre parler de ce qui se passait à Montmartre.

Apollinaire est l'un des premiers à effectuer la liaison (à pied) entre les artistes de ces deux « chefs-lieux des arts »[1], avant l'ouverture de la ligne de métro Nord-Sud (n° 4) reliant les deux collines, inaugurée le 5 novembre 1910.

C'est en parcourant Paris dans sa vieille Ford T, baptisée Godiva, en compagnie de son inséparable amie Alice, que Gertrude Stein découvre, rue de l'Odéon, ces avant-postes de la

1. Le poète Pierre Reverdy (1889-1960) crée en 1917 *Nord-Sud*, une revue littéraire dont le titre est assez éloquent.

littérature se faisant vis-à-vis. Chez Sylvia, elle critique le fonds — n'y trouvant point ses propres ouvrages — mais prend, cependant, un abonnement de lecture. Plus tard, elle déposera ses œuvres à la bibliothèque de Shakespeare & Cie.

Ezra Pound et sa femme arrivent de Londres en 1921 ; ils s'installent 70 bis, rue Notre-Dame-des-Champs. Mme Pound a beaucoup de sympathie pour l'initiative de la jeune Sylvia. Pour faciliter l'accès de la librairie de la rue de l'Odéon à ses compatriotes, elle façonne un plan du quartier Latin où Shakespeare and Company est très clairement situé. Se rendre à la librairie de Sylvia Beach n'était pas aisé pour ces étrangers ne sachant comment prononcer le nom de la rue de l'Odéon ni renseigner les chauffeurs de taxi sur l'emplacement de la librairie. À l'avenir, Sylvia Beach conservera l'habitude de reproduire ce plan sur ses catalogues et ses prospectus.

James Joyce rejoint Ezra Pound à Paris, puis arrivent : Malcolm Cowley, Ernest Hemingway, Robert McAlmon, Sherwood Anderson et Thornton Wilder. En ce temps-là, il n'est pas rare de rencontrer sur le boulevard Montparnasse : Scott Fitzgerald, John Dos Passos, William Faulkner et les musiciens Virgil Thompson et George Gershwin.

PARIS, TERRE D'ASILE POUR ULYSSES.

Accusé d'obscénité, James Joyce ne peut publier son *Ulysses*, interdit par la censure des pays anglo-saxons. Découragé, il confie un jour ses déboires à Sylvia Beach : « Je crois que mon *Ulysses* ne paraîtra jamais. » Tous ceux qui ont tenté en Amérique, comme en Angleterre, d'en publier des extraits ont pris le risque d'une condamnation, mettant l'existence de leur revue en péril.

« Est-ce que vous laisseriez Shakespeare and Company avoir l'honneur de publier votre *Ulysses* ? » demande naïvement Sylvia Beach à l'auteur. Connaissant peu Sylvia, doutant de son expérience d'éditeur pour prendre en charge une telle publication, Joyce accepte, étonné puis ravi de cette initiative téméraire. Ce jour-là, avouera Sylvia, nous nous sommes quittés profondément émus.

Ainsi paraîtra l'un des grands chefs-d'œuvre de la littérature universelle, par la volonté, l'obstination et le courage de la petite libraire américaine de Paris, vestale de ceux qui vouent un culte à James Joyce, dieu des lettres anglo-saxonnes.

HEMINGWAY, COQUELUCHE DE MONTPARNASSE.

Comme Joyce et Pound, Hemingway arrive à Paris en 1921. Ayant déjà connu la capitale après la Grande Guerre, lors de sa démobilisation, il y revient avec sa jeune épouse Hadley. Installés rue du Cardinal-Lemoine, puis sur la montagne Sainte-Geneviève, à deux pas de la place de la Contrescarpe et de la Mouffe, il a exploré ce royaume des chiffonniers, dont la vie semble ne pas avoir changé depuis Eugène Sue. Hemingway a vingt-deux ans, c'est un sémillant garçon dont la petite moustache ne réussit pas à cacher la juvénilité. Il se précipite rue de l'Odéon pour voir Miss Beach. La libraire le trouve charmant, ne l'appelle plus que « Mr. Awfuly Nice ». Son désir d'écrire à Paris est encore incertain ; la grossesse de sa femme le déconcerte et l'inquiète. Gertrude Stein lui conseille sagement de retourner en Amérique, pour y gagner sa vie de père de famille. Il part et revient après la naissance de son fils, s'installe 113, rue Notre-Dame-des-Champs au-dessus d'une menuiserie, non loin des Pound. Il fuit le bruit lancinant de la scie mécanique pour écrire à La Closerie des Lilas où il rédige des articles sur le sport pour le *Toronto Star* ; ce qui l'amène à fréquenter vélodromes, stades, salles de boxe. Il assiste aux Six Jours cyclistes de Paris et entraîne Dos Passos au Vel'd'Hiv'. Revêtu d'un maillot de coureur, on le voit boulevard du Montparnasse, sur son vélo de course, fonçant la tête dans le guidon, ou mimant un combat de boxe avec le peintre Joan Miro qui lui arrive à peine aux épaules. Il fréquente les hippodromes, comme correspondant hippique de *The New Republic* ; joueur, mais piètre turfiste, il lui arrive de perdre tout l'argent du ménage. Son avenir n'est donc pas à Longchamp, ni à Maisons-Laffitte, mais bien chez les éditeurs. Désormais, fuyant les importuns, il se rend chaque jour pour écrire : soit à La Closerie, chez Lipp, ou aux Deux-Magots, à cette époque moins fréquentés par les Américains. Son ami Robert McAlmon, grâce à un riche mariage, fonde les éditions Contact et publie *Three Stories and Ten Poems*, sa première œuvre.

FITZGERALD LE MAGNIFIQUE.

En arrivant à Paris en avril 1925, Scott et Zelda Fitzgerald louent un appartement meublé, 14, rue de Tilsitt, au coin de l'avenue de Wagram. C'est un quatrième étage sans ascenseur, avec meubles de style XVIIIe siècle. L'une des premières sorties de Scott est de se rendre à Montparnasse où il espère rencontrer Ernest Hemingway. Il le croise au Dingo Bar ouvert par Louis Wilson au 41 de la rue Delambre, où l'auteur de *L'Adieu aux armes* aime rapporter des histoires de boxe et de corrida. Dans *Paris est une fête*, Hemingway semble ne pas avoir gardé en mémoire un souvenir plaisant de cette première entrevue. Il fait le portrait d'un ivrogne, idiot et raseur, gênant par ses louanges outrancières, naïf par ses questions, et embarrassant lorsqu'il s'écroule ivre mort. Fitzgerald est impressionné par sa réputation de héros de la guerre et du sport. Ils se retrouvent quelques jours plus tard à La Closerie des Lilas où, obtenant l'assurance qu'il se tiendra correctement, Hemingway accepte de l'accompagner à Lyon pour aller chercher sa Renault laissée sur place pour des réparations. Ce voyage à Lyon a lui aussi été pénible : hypocondriaque, ivrogne, et puéril, Fitzgerald est materné par Hemingway, jusqu'au retour à Paris où il donne à lire *Gatsby le Magnifique* à son ami. Après sa lecture, Hemingway, pénétré du désenchantement de Scott, opte de ne pas l'abandonner à ses maléfices :

> Quand j'eus fini ma lecture, je savais une chose : quoi que Scott fît et de quelque façon qu'il le fît, il me faudrait le traiter comme un malade et l'aider dans la mesure du possible et essayer d'être son ami.

Les Fitzgerald reviennent à Paris en 1928, louent un appartement au 58, rue de Vaugirard. Scott trouve Paris changé et les Américains qui y séjournent grotesques. Le 27 juin, il rencontre Joyce au cours d'un dîner donné par Sylvia Beach, et, pour lui témoigner son admiration, se propose — à la grande confusion de l'auteur d'*Ulysses* — de sauter par la fenêtre.

Entiché d'André Chamson, écrivain de vingt-huit ans, parlant aussi mal l'anglais que Scott le français — ce qui ne semble guère avoir nui à leur amitié — il le comble de cadeaux. Dînant un soir chez le jeune couple, il monte sur le bord de la fenêtre de leur appartement du sixième étage et penché sur le vide s'écrie : « Je suis Voltaire ! je suis Rousseau ! »

Hemingway et Fitzgerald s'échangeront leurs livres, mais leur amitié de façade cachera toujours rancœur et jalousie. Cependant leur amitié cahotante, bien malmenée par les folies et les calomnies de Zelda, s'est poursuivie jusqu'à la fin pathétique de Scott.

HENRY MILLER SOUS LE TROPIQUE PARISIEN.

Près de dix ans séparent l'arrivée d'Hemingway de celle d'Henry Miller. Lorsque ce dernier débarque à Paris en 1931, avec pour toute fortune dix dollars en poche, la crise économique a fait quelques victimes dans les rangs des artistes nantis. Abandonnant leurs hôtels particuliers, ils ont repris des ateliers modestes, semblables à ceux de leurs débuts.

De tous les écrivains américains, Miller est celui qui a mené la vie la plus indigente pendant son premier séjour solitaire à Paris. De ses jours de misère, le souvenir de cette période demeurera, toujours pour lui, un âge d'or[1].

Professeur d'anglais à Dijon pour survivre, puis inscrit au chômage des travailleurs intellectuels de Paris, errant pendant des mois à travers la capitale, à l'affût d'un casse-croûte ou d'un verre de vin, il dort dans des lieux de hasard. Puis il s'installe dans un studio prêté par un ami au 18 de la villa Seurat, au-dessus du nouvel atelier du peintre Chaïm Soutine, dont la vente de toutes les toiles de son atelier au milliardaire américain Albert. C. Barnes a transfiguré l'ancien crève-la-faim de la Ruche de clochard en dandy. Le nouveau riche et Henry Miller ne s'apprécient guère : Soutine est brouillon, Miller, ordonné et méticuleux ; lorsqu'il reçoit des amis, il n'attend pas le départ de ses invités pour faire la vaisselle.

1. Henry Miller (1891-1980) avait séjourné en France en 1928 avec sa femme June pour accomplir un tour de France à bicyclette.

En 1934 (on l'a vu tout à l'heure), Blaise Cendrars, après la lecture de *Tropique du Cancer*, arrive à l'improviste villa Seurat pour faire la connaissance de l'auteur. Miller est conquis par l'homme aux yeux bleus et à la peau tannée ; sa démarche chaloupée le fait songer à celle d'un marin robuste plutôt qu'à celle d'un écrivain. Cendrars hèle un taxi, s'engouffre avec son nouvel ami dans la voiture qui démarre à destination de Montmartre. Attablés au Restaurant des Fleurs, Miller reste médusé par la virtuosité de l'unique main de son compagnon. Cendrars raconte comment Miller famélique, obsédé par la nourriture, avala un soir quatre kilos de pâté et plusieurs litres de vin d'Anjou. L'un comme l'autre sont des bavards, mais Cendrars prend l'avantage avec ses récits fabuleux, sur Miller et sa logorrhée de parleur invétéré.

Dans un article mémorable de la revue *Orbes*, Cendrars consacre Miller grand écrivain. Reconnu par ses pairs, celui-ci repart pour les États-Unis, où il s'efforcera d'imposer les traductions des œuvres de son ami de Paris.

Les plus grands écrivains de « la génération perdue »[1] auront gagné la célébrité à Montparnasse, carrefour littéraire et artistique de ces années dites folles, témoignant, alors, du prestige international de Paris.

1. Appellation plutôt malheureuse de Gertrude Stein pour désigner les jeunes écrivains américains débarquant à Montparnasse. Réflexion prononcée par son garagiste à propos d'un jeune apprenti maladroit.

La vie parisienne d'un fieffé Liégeois

PREMIERS PAS DE SIMENON À PARIS.

Quand Georges Simenon débarque un jour du mois de décembre 1922 à Paris, la ville qui deviendra l'élue de ses principaux romans se présente sous un jour maussade. Descendant du train, il cherche des yeux dans la foule l'ami liégeois devant l'accueillir, tandis que sous les grandes verrières de la gare du Nord montent des colonnes de vapeur ennuageant les haut-parleurs aux annonces inaudibles. Pris dans la bousculade des ouvriers descendant des trains de banlieue, il est entraîné avec son camarade, le peintre Luc Lafnet, vers le parvis de la gare où le saisit le tohu-bohu matinal d'un Paris aux immeubles tristes et noirs de suie, aux grandes brasseries lugubres. À Montmartre, rue du Mont-Cenis, il est rasséréné en retrouvant d'autres compatriotes dans l'atelier du peintre. Cet atelier montmartrois sera désormais pour lui un havre de réconfort. Il y oubliera sa tristesse d'exilé pendant les jours sombres de ses débuts parisiens.

Simenon se met en quête d'un hôtel dans le quartier paisible des Batignolles, Le quartier, ancien village annexé à Paris en 1860, a su préserver ses us de naguère. L'amabilité de ses habitants, de ses artisans et petits commerçants, est accueillante pour le nouvel arrivé dans la capitale. Il ne manque pas par ici de petits hôtels à prix modique, à la mesure de sa bourse. Au cours d'une promenade nocturne, il découvre l'hôtel Bertha, au 1, rue Darcet — à deux pas de la place Clichy — où le patron lui loue une chambre sous les toits ; il ne s'y attarde pas, car, en traînant du côté de la place de l'Étoile, il trouve une chambre à louer chez une vieille dame anglaise dans un immeuble cossu du faubourg Saint-Honoré. La propriétaire l'informe qu'il est strictement interdit d'y faire de la cuisine, elle ne veut en aucun cas incommoder ses voisins. Il se contente donc de se nourrir de sandwiches au camembert, qu'il dissimule dans l'âtre. Ayant découvert un morceau de papier imprégné de fromage dépassant du tablier de la cheminée, la logeuse demeure intraitable et le chasse.

La chance lui est favorable ; dans ce faubourg Saint-Honoré, où la salle Pleyel attire les soirs de concert la foule des mélomanes, se trouve, en face du temple de la musique, au 233, un îlot paisible, une impasse pavée fermée par une assez jolie grille l'isolant du tumulte de la rue et des passants. Dans cette villa Wagram-Saint-Honoré, où il n'a pas les moyens de louer un de ces ateliers d'artistes aux larges vitrages donnant sur l'impasse, deux petites pièces sont libres dont il s'accommode fort bien.

Sur la recommandation d'un homme d'affaires liégeois habitant Paris, il trouve un emploi de secrétaire chez un écrivain réputé. L'homme de lettres le convoque chez lui, avenue Beaucour, une autre impasse à la hauteur du 248, rue du Faubourg-Saint-Honoré, juste en face de son nouveau logis. Il lui revient à l'esprit que bon nombre d'écrivains célèbres ont débuté dans la carrière littéraire comme secrétaire d'écrivains en renom. Il se précipite chez l'homme de lettres où il est reçu fort courtoisement. Jean Binet, sous le nom de Binet-Valmer, publie des romans, des biographies au Mercure de France, mais aussi des nouvelles et des contes dans les grands journaux parisiens. Binet-Valmer jouit d'une notoriété certaine dans le milieu littéraire des années vingt. À cinquante-trois ans, il porte beau ; le monocle vissé à l'œil confère à sa personne une dignité, incitant son visiteur à lui manifester déférence et considération.

> Binet-Valmer, écrit un mémorialiste, passa sa vie, courbé sur sa table de travail, à écrire des romans frémissants de passion balzacienne que le public des cabinets de lecture s'obstina, de son côté, à ne pas lire, parce qu'ils étaient insuffisamment érotiques : Je travaille pour la postérité ! Pauvre Binet-Valmer ! De sa pyramide de romans la postérité n'a retenu que le titre du premier, *Les Métèques*[1].

1. *Quand Paris était un paradis*. Mémoires de Maurice de Waleffe, Éditions Denoël, 1939.

Le jeune Simenon est engagé immédiatement et se met au travail. Il rédige des adresses, poste des lettres, découpe des articles de presse, prend le courrier dans la boîte postale, ou porte dans Paris des communiqués aux journaux. En lui demandant d'imiter sa signature, Binet-Valmer lui témoigne une confiance totale. Son secrétaire est aussi de corvée pour le représenter aux inaugurations, dans les cérémonies et les enterrements. Politicard, l'écrivain milite dans une association d'anciens combattants d'extrême droite, pour laquelle il écrit et diffuse des textes magnifiant des sentiments patriotiques d'une banalité consternante : « Je n'aime pas les guerriers porte-plume », dit Paul Léautaud en parlant de lui à Eugène Marsan.

Simenon décèle que le titre de secrétaire est plus valorisant que la fonction. Mais Binet-Valmer, en lui confiant une critique littéraire à rédiger sur ses deux derniers romans, lui donne l'occasion de justifier son titre. Critique est beaucoup dire puisque, s'agissant des œuvres de son patron, il ne peut éviter de sacrifier au dithyrambe.

A-t-il été plus que le secrétaire de l'écrivain ? N'a-t-il pas été aussi le « nègre » comme certains le supposent ? Rien ne rebute l'homme à tout faire.

En échange de ses bons et loyaux services, Binet-Valmer promet au jeune Sim — son nom de plume — de le recommander au *Journal* pour la publication de ses contes et de ses reportages.

Après son mariage avec Régine Renchon, dite Tigy, le 24 mars 1923, à Liège, Simenon, chaudement recommandé par Binet-Valmer, se présente dans un somptueux hôtel particulier au 37, rue La Boétie, pour prendre des fonctions nouvelles : secrétaire auprès du marquis de Tracy.

Le château de cet aristocrate à Paray-le-Frésil, près de Moulins, est assez austère. Membre du comité directeur du quotidien régional *Paris-Centre* à Nevers, le marquis propose au jeune Simenon âgé de vingt ans le poste de rédacteur en chef du journal. Mais Simenon s'ennuie et ne veut pas infliger la vie en province à Tigy. Il travaille un an, en parfaite intelligence avec Raymond de Tracy puis, plus que jamais décidé à vivre de sa plume, revient à Paris.

LES LUMIÈRES DE LA VILLE.

À Paris les jeunes mariés s'installent à l'hôtel Beauséjour, rue des Dames, aux Batignolles. Ici, comme au faubourg Saint-Honoré il est interdit de faire de la cuisine dans la chambre. Un petit réchaud placé sur le rebord de la fenêtre permet à Tigy de bricoler de petits plats. Elle a renoncé, pour le moment, à peindre pour aider son mari. Sous le nom de Georges Sim, il publie des contes galants dans les revues *Frou-Frou*, *Paris-Flirt*, *Sans-Gêne*, *Paris-Plaisir*, *Le Rire*, *Ric et Rac*, expérience salutaire pour apprendre son métier de romancier. Auprès du marquis, il n'avait cessé d'écrire, notamment des portraits-charges sur

Henri Duvernois, Claude Farrère, Léon Daudet, Tristan Bernard, Maurice Barrès, Paul Fort.

Sa rencontre avec Colette va beaucoup compter pour la suite de sa carrière. L'écrivain, mariée à Henri de Jouvenel, rédacteur en chef du *Matin*, dirige la rubrique « Les Contes des Mille et un matins ». Dans les colonnes du quotidien, les textes de Jean Giraudoux, Paul-Jean Toulet, Henri Duvernois, ont donné leurs lettres de noblesse à ce type de récit court très populaire. Colette est très sollicitée par nombre d'écrivains, dont beaucoup sont de vrais spécialistes du genre, ne cédant pas facilement le passage aux débutants. Les contes de Simenon sont à chaque fois refusés, puis un jour, convoqué par la rédaction du *Matin*, il est reçu par Colette.

« Trop de littérature dans vos textes, supprimez toute la littérature », lui recommande-t-elle. Après plusieurs essais plus ou moins ratés (toujours trop de littérature, lui ressasse-t-elle), *Le Matin* publie enfin *La Petite Idole*, un conte signé de Georges Sim. C'est le début d'une longue collaboration. Simenon, jusqu'à la fin de sa vie, n'oubliera jamais le conseil de Colette. Il sait désormais que pour dire qu'il pleut, il suffit d'écrire : « Il pleut ».

Il lui faut maintenant un appartement plus grand. En flânant du côté de la place des Vosges, il trouve à louer, au 21 de l'ancienne place Royale, un petit rez-de-chaussée dans l'hôtel particulier historique du maréchal de Richelieu. Le soir, le quartier n'est pas très animé, aussi Georges et

Tigy vont s'amuser à Montparnasse. Ils sirotent des cocktails aux cafés du Dôme et de La Rotonde, ou dansent frénétiquement au son des orchestres de jazz du Jockey et du Dingo-bar. Au cours de ces années folles, La Coupole, une nouvelle brasserie, est inaugurée, le 20 décembre 1927. Dans le sous-sol, son dancing devient vite très en vogue. Tigy, toujours passionnée par la peinture, se réjouit d'y croiser chaque soir les peintres célèbres venus des quatre coins du monde. Le carrefour Vavin, centre du monde des arts et des lettres, n'a pas résisté au krach de Wall Street des 23 et 24 octobre 1929. Les Américains ruinés repassèrent l'Atlantique, tandis que les peintres de l'Europe de l'Est continuèrent — à part quelques privilégiés — à mener leur vie de bohème misérable avant que les nazis ne les exterminent dans les camps de la mort.

Désormais à l'aise, Simenon, tout en gardant son rez-de-chaussée, loue le deuxième étage devenu vacant. Il y dispose d'un grand salon donnant sur la place des Vosges.

Ses goûts cinématographiques l'entraînent plus volontiers vers les salles des Ursulines ou du Studio 28, cinémas d'art et d'essai projetant des films rares, la plupart du temps mal distribués à Paris. Après la projection il se précipite chez lui et se remet au travail. En sept ans vont paraître, sous une vingtaine de pseudonymes, plus de cent quatre-vingt-dix romans populaires.

L'IRRÉSISTIBLE ASCENSION DU LIÉGEOIS.

Eugène Merlot, dit Merle, aventurier de la presse, prince de l'épate et roi du bluff, fonde, en 1923, le quotidien *Paris-Soir*, et le revend à Jean Prouvost, en 1930. Il avait lancé en 1919 *Le Merle blanc*, un hebdomadaire par qui le scandale arrivait. Toujours prêt à défendre des causes improbables, à se lancer dans des polémiques provocantes, Merle, jamais en mal d'idées pour vendre ses journaux, propose un jour à Simenon de lancer de façon spectaculaire l'un de ses romans. Il s'agit, en fait, d'une opération destinée, en premier lieu, à promouvoir *Paris-Matin*, son nouveau journal. Enfermé dans une cage de verre d'une vitrine de magasin, Simenon devra écrire sous les yeux du public un roman-feuilleton. Performance pour laquelle l'auteur touchera 500 000 francs[1]. L'annonce de l'exhibition provoque un scandale tel que l'opération tourne court. Entre-temps, *Paris-Matin* avait cessé de paraître. Les légendes ont la vie dure ; longtemps, Simenon sera le jeune romancier qui, à vingt-quatre ans, a écrit « sous verre », en un temps record, un roman en public.

Entre la place des Vosges et Montparnasse, Simenon opère régulièrement un détour du côté de l'Étoile. Son appétit sexuel inextinguible le conduit, parfois plusieurs fois par jour, à la « maison » de Mme Hélène, 26, rue Brey, pour y rencontrer rapidement des femmes séduisantes et cupides. Il se rend aussi bien dans les concerts du

1. Près de 200 000 euros.

Tout-Paris, qu'au Bœuf-sur-le-Toit, le célèbre bar à la mode de la rue Boissy-d'Anglas réunissant, autour des pianos de Wiener et Doucet, les noctambules les plus en vue de la capitale. Le Liégeois, désormais familier de ce Paris artistique et mondain, assiste, un soir du mois d'octobre 1925, au Théâtre des Champs-Élysées à la première représentation de *La Revue nègre*, dont l'événement a été immortalisé par l'affiche de Paul Colin. Ce soir-là, Paris découvre l'Amérique sous son jour le plus jazzy, avec des musiciens chevronnés comme Sidney Bechet et Claude Hopkins, entourés de danseurs, de girls, de chanteurs, une mulatresse splendide exécute un numéro étourdissant de virtuosité et de grimaces. Elle chante à ravir, danse presque nue, une plume de flamant rose entre les cuisses, elle offre en outre aux spectateurs médusés un postérieur provocant et sublime. Joséphine Baker, inconnue la veille, devient, du jour au lendemain, la coqueluche de Paris. La sexualité se dégageant du spectacle enflamme Simenon. Il se précipite dans la loge de Joséphine, lui fait part de son admiration, de son enthousiasme, puis l'emmène souper. C'est le début d'une folle histoire d'amour, d'une sexualité dévorante. Feu de paille vite calciné, car Joséphine, consacrée vedette internationale, a signé des contrats pour une tournée à travers le monde. Simenon redoute d'être contraint de la suivre comme un caniche. Il choisit de se retirer dans l'île de Porquerolles pour l'oublier, fuir Paris où, lui semble-t-il, la vie factice nuit à sa carrière littéraire.

À la fin de 1930, Simenon pense surtout au baptême de son commissaire, ce personnage nouveau qu'il connaît mieux que lui-même et dont il vient d'écrire les cinq premières enquêtes.

LE COMMISSAIRE EST BON ENFANT.

Georges Simenon, très averti des méthodes de promotion, a l'ambition de lancer la série des aventures du commissaire Maigret comme un produit de grande consommation. Un auteur, pense-t-il, ne doit pas se contenter de signer un service de presse et d'attendre les comptes rendus des critiques littéraires ; il doit susciter la curiosité du public toujours avide de sensationnel. Il confesse à son ami Carlo Rim :

> On me reproche mon goût de la publicité, comme si Dieu lui-même n'avait pas besoin de ses cloches !

Il ne s'agit pas d'avoir du talent, encore faut-il le faire savoir. Il demeure persuadé que les meilleurs arguments de vente d'un livre sont la rumeur, ces bruits qui courent, intriguent et scandalisent au besoin.

Pour ses Maigret, Simenon décide de frapper les esprits en organisant un événement spectaculaire et inattendu. Il réserve la salle de la Boule Blanche, la boîte martiniquaise en vue de Montparnasse, au 33, rue Vavin, pour y donner une soirée exceptionnelle, le vendredi 20 février 1931, intitulée « Bal anthropométrique ».

Il demande aux dessinateurs-décorateurs Paul Colin, Jean Don et Marcel Vertès de donner à la salle l'atmosphère accueillante d'une officine de la P.J. avec quelques détails évoquant des faits divers sanglants. Il fait parvenir à ses invités un carton d'invitation sous la forme d'un mandat d'amener ou d'une citation à comparaître. À l'extérieur du cabaret, l'accueil des invités est assuré par trois figurants : une prostituée, un proxénète, un boucher au tablier ensanglanté. On attend quelque trois cents personnes qui vont devoir s'entasser dans les cent mètres carrés de la salle. L'ambiance canaille réjouit, à l'avance, ce joli monde, dont la participation à cette folle nuit est assurée.

Des caméras installées filment les personnalités : artistes célèbres, aristocrates, journalistes, écrivains… À l'entrée, de faux agents de police en uniforme relèvent les empreintes digitales des invités ; à l'écart, Simenon, imperturbable, signe ses derniers ouvrages, et le personnel du Dôme ne cesse de regarnir le buffet dévalisé par ces malfrats d'un soir.

Au petit matin, alors que le jour va bientôt se lever, La Coupole recueille les derniers fêtards pour un ultime souper.

L'événement, plus frivole que littéraire, ayant fait grand bruit dans la capitale, permet à Maigret d'entamer sa carrière. Xavier Guichard, directeur de la P.J., apportera son concours bénévole au commissaire, en invitant l'auteur de ses jours à pénétrer les arcanes administratifs et les mystères de la grande maison.

DERNIERS FEUX AU LAC.

Après ses démêlés avec Fayard, sa maison d'édition, Simenon passe chez Gallimard. En changeant d'éditeur, il change de style de vie. En nouveau riche, il ne s'habille plus que chez les plus grands tailleurs de Savile Row ; ses chapeaux et ses cravates portent les griffes des boutiques les plus prestigieuses de Paris. Il choisit sa nouvelle résidence en bordure du bois de Boulogne, 7, boulevard Richard-Wallace, dans un environnement de célébrités ; roule dans une superbe Delage grand sport ; prend ses rendez-vous au Fouquet's ; soupe chez Maxim's.

Alors que le Front populaire triomphe, Simenon vit en bourgeois nanti, mais sans pour cela modérer sa production éditoriale. Elle est si abondante que son éditeur a bien du mal à la suivre. Il ne s'y retrouve plus entre les piles de manuscrits, d'épreuves, de bons à tirer. Détestant le milieu littéraire parisien qui le lui rend bien, Simenon se satisfait du soutien de ses inconditionnels : Gide, Thérive, Henriot, Aymé, Martin du Gard (ce n'est pas si mal). Il séjourne de plus en plus souvent à Porquerolles, puis se rend aux États-Unis jusqu'à la veille de la guerre. Pendant les années d'occupation, il disparaît, se terre dans la France profonde. La paix revenue, il se retire en Suisse, loin de Paris, loin de la vie. La fin étriquée et tragique de l'homme aux « dix-huit mille femmes et aux cent quatre-vingt-douze romans » n'a rien de romanesque. Il a quitté la maison de style « clinique » qu'il s'est fait construire sur mesure à Épalinges, pour la maisonnette rose de l'avenue des Figuiers à Lausanne. Simenon va vivre là la fin de sa vie, veillé par Térésa, sa servante-maîtresse. Le 4 septembre 1989, il dit : « Enfin je vais dormir », puis meurt à trois heures trente du matin dans cet isolement fortuné, à peine humain. Ses cendres sont dispersées dans son jardin afin qu'elles se mêlent à celles de sa malheureuse fille Marie-Jo, le seul amour, peut-être, de sa vie.

Ce soir-là, à Lausanne, un soleil incandescent disparaissait dans le lac Léman.

Bibliographie sommaire

René ou la Vie de Chateaubriand, André Maurois, Grasset, 1938.

Mémoires d'outre-tombe (**), Chateaubriand, Gallimard (Pléiade).

Chateaubriand, Jean-Paul Clément, Flammarion, 1997.

Stendhal comme Stendhal ou le mensonge ambigu, Jacques Laurent, Grasset, 1984.

Stendhal ou Monsieur Moi-même, Michel Crouzet, Flammarion, 1990.

La Prodigieuse Vie d'Honoré de Balzac, René Benjamin.

Balzac, Stefan Zweig, Albin Michel, 1998.

Prométhée ou la vie de Balzac, André Maurois, Hachette, 1965.

Olympio ou la vie de Victor Hugo, André Maurois, Hachette, 1954.

Choses vues, Victor Hugo, Ollendorff, 1913.

Œuvres complètes de Victor Hugo, Jean-Jacques Pauvert, 1962.

Œuvres complètes de Gustave Flaubert, Club de l'Honnête Homme, 1975.

Alphonse Daudet, la Bohème et l'Amour, Marc Andry, Presses de la Cité, 1985.

Alphonse Daudet, œuvres, Gallimard (Pleiade).

Marcel Proust, George D. Painter, Mercure de France, 1966.

Proust, Ghislain de Diesbach, Perrin, 1991.

Marcel Proust, Jean-Yves Tadié, Gallimard, 1996.

« Le siècle de Marcel Proust de la Belle Époque à l'an 2000 », *Le Magazine littéraire*, numéro hors-série, quatrième trimestre 2000.
Méandres, Léon-Paul Fargue, Gallimard, 1999.
D'après Paris, Léon-Paul Fargue, Gallimard, 1932.
Le Piéton de Paris, Léon-Paul Fargue, Gallimard, 1939.
Vingt ans avec Léon-Paul Fargue, André Beucler, Mémoire du Livre, 1999.
Fils de Réjane, Souvenirs (**), *1895-1920*, Jacques Porel, Plon, 1951.
Rendez-vous avec Paris, Gérard Bauër, Quai Voltaire, 1994.
Blaise Cendrars, Miriam Cendrars, Balland, 1984.
Blaise Cendrars, Frédéric Ferney, Éditions François Bourin, 1993.
Correspondance 1934-1979, Cendrars-Miller, Denoël, 1995.
Simenon, Pierre Assouline, Gallimard, 1996.
Georges Simenon, Paul Vandromme, Pierre de Méyère, Bruxelles, 1962.
Le Mystère Simenon, Denis Tillinac, Calmann-Lévy 1980 ; La Table Ronde (La Petite Vermillon), 2003.
Montparnasse vivant, Jean-Paul Crespelle, Hachette, 1962.
La Vie quotidienne à Montparnasse à la grande époque. 1905-1930, Jean-Paul Crespelle, Hachette.
Kiki et Montparnasse, 1900-1930, Billy Klüve & Julie Martin, Flammarion, 1989.
Montparnasse, l'Âge d'or, Jean-Paul Caracalla, Denoël, 1997.
Journal, Edmond et Jules de Goncourt, Robert Laffont (Bouquins), 1989.

Table

Je conseille à Valery Larbaud... 11
La vie parisienne de Chateaubriand 13
Stendhal pariggiano 31
Honoré de Balzac et la comédie urbaine 43
Les clefs des maisons de Victor Hugo 61
L'éducation parisienne de Flaubert 79
Alphonse Daudet, un charmant Nîmois à Paris 85
À la recherche des logis de Marcel Proust 107
Léon-Paul Fargue dans les méandres de Paris . 117
Blaise Cendrars, bourlingueur de Paris 125
Des Américains à Paris 147
La vie parisienne d'un fieffé Liégeois 159
Bibliographie sommaire 173

CET OUVRAGE A ÉTÉ ACHEVÉ D'IMPRIMER
SUR SYSTÈME VARIQUIK PAR L'IMPRIMERIE
SAGIM•CANALE À COURTRY EN SEPTEMBRE
2003, POUR LE COMPTE DES ÉDITIONS DE
LA TABLE RONDE.

Dépot légal : septembre 2003.
N° d'édition : 3699.
N° d'impression : 6740.

Imprimé en France.